「幕末大名」失敗の研究

政治力の差が明暗を分けた

瀧澤 中

PHP文庫

JN210903

○本表紙図柄＝ロゼッタ・ストーン（大英博物館蔵）
○本表紙デザイン＋紋章＝上田晃郷

はじめに

山本五十六《いそろく》が海軍次官の時。

海軍省内で、大蔵省との予算折衝《せっしょう》をするための「要求予算」を決める会議（予算省議）が行われた。

そこで、航空予算が足りない、という話になった。

航空本部の代表は、稲垣生起《あやお》少将。

稲垣は、予算不足の不満を次のように発言した（発言要旨）。

「血の出る思いで削減したギリギリの予算要求も、逆にいい加減な予算要求も、大蔵省は同じ比率で天引きする。だから陸軍は、削られるのを承知で水増しした予算を要求する。ところが我が海軍では大事な航空予算を、大蔵省と折衝する前からこんなに無残に削ってしまう。これでは、私は海軍航空に責任が持てない」

それまでずっと黙っていた山本五十六次官が、右腕を卓についたまま顔を稲垣少将に向け、発言した。

「航空のことは、不肖《ふしょう》ながら、君たちよりおれは知っているヨ。どれくらいの予算で、どれくらいの整備ができるかも、君らより心得ているツモリだ。よそで悪いことをすれば、海軍も悪いことをしていいというのか。そんな国賊がおればおるほど、海軍は一銭の予算でも切りつめなくちゃならん！」

その場にいた高木惣吉《そうきち》（のち海軍少将）の記述なので、誇張はないであろう（『自伝的日本海軍始末記』）。

稲垣は山本が航空本部長時代に可愛がっていた部下であった。その稲垣を、高木の言葉を借りれば「昨日までの可愛い部下を秋霜烈日《しゅうそうれつじつ》のような正論で押さえつけた統裁ぶり」で、山本はその場をまとめたのである。

高木は終生、その時の光景を忘れることができなかったという。

山本は空母赤城艦長時代、帰らぬ母艦機を甲板に立って待ち続けていたこともある仁将だが、こういうタイプに多い部下への甘やかしや情実に流されやすい言動は、比較的少ない。彼の持つ合理主義的な精神ゆえであろう。

山本の合理主義は、「海軍」という枠を超えていた。だから、海軍さえよければ、という立場に立たなかったのである。

戦前でも現代でも予算獲得は組織の悲願であり、何事も予算があってはじめて成り立つ、という現実的な考え方は否定できない。他方、その予算が適正であるのかどうか、そして余分な予算要求をすることが「国賊」的行為だと考える組織人は、今も昔もそう多くはない。

ところが幕末というのは不思議な時代で、自分たちの組織はあと回しで世の中を変える、あるいは外国からの脅威をどう受け止め、どう国内を安定させるかを真剣に考える人々が多くいて、そういう人物たちによって政治が動かされた。

本書の中で取り上げた松平容保《かたもり》は、藩の財政が厳しいこともあって京都守護職を当初断っていたが、結局「火中の栗を拾う」覚悟で就任。島津久光は率兵《そっぺい》上京を行うが、参勤交代がそうであったように、大人数での移動と滞在は藩を傾けかねないほどの出費を覚悟しなければならない。が、久光は実行し、政治を動かした。

長州藩も土佐藩も財政は厳しく、長州藩などは繰り返し攘夷を起こそうとして幕府と衝突、外国とも戦って連戦連敗。人的・財政的損害は計りしれなかった。

水戸藩に至っては、あまりの人的消耗のために明治期、高官になる人材が払底《ふってい》してしまったのである。

それでも彼らが戦い、中央で政治を展開したのはなぜなのか。

筆者は、冒頭の山本五十六の正論にヒントがあるような気がする。

他がやっている、あるいは他がやっていないから、ということは関係ない。

自分に利益があるかどうかも二の次。

国の将来を考えて、「こうあるべき」と思い至ったからこそ、彼らは犠牲を払っても信じた方向に突き進んだのではないか。幕府側の阿部正弘や井伊《いい》直弼《なおすけ》もまた、同じである。政権担当者が政権維持を目指すのは、政治の安定を考えれば当然のことである。政権を維持しつつ、正しいと思えば、人々に嫌われる政策も時に実行しなければならない。たとえば開国の決断はその最たるものである。

だから、本書で取り上げた閣老や大名、志士たち全員を「正義」として描くことが可能なのである。水戸や薩長土はもちろん、会津も幕府の閣老も、私欲ではなく公のために命をかけた政治家であることは、否定しにくい。

しかし、正しいことと、政策を成功させることはイコールではない。正しいからといって政策は実現しないのである。

むろん、政治は正しい方向に向かってもらわねば困るが、一方で、理想を実現するには政治力が必要である。だからこそ道半ばでの非業の死や、勢力衰退、地位の逆転などは、避けなければならない。

自ら考える方向に人々を引っ張っていく力、つまり政治力の有無や大小が、本書に登場する人物や組織の運命を方向づけているのである。

あえて彼らの「失敗」に注目することで、少し角度の違った「幕末維新史」を見ることができるのではなかろうか。

前著に引き続き、理解を深めていただくために、海外も含めた近現代史の例を引きながら記述するよう努めた。お愉しみいただければ幸いである。

本書作成にあたり、岡村知弘氏にはいつもながら大変ご尽力戴き、感謝申し上げます。また、ＰＨＰ研究所の伊藤雄一郎氏のご厚情、万謝いたします。

上條末夫先生、三戸岡道夫先生、両先生のご指導、改めて心から御礼申し上げます。

瀧澤　中

「幕末大名」失敗の研究❖目次

第2章　生き残った山内容堂、殺された坂本龍馬

第3章　「真珠湾攻撃」なき戊辰戦争で失敗した、松平容保

第4章　西郷隆盛にとっての、「島津久光」という失敗

第5章　水戸藩と長州藩、維新さきがけの組織疲労

編集協力——蒼陽社

第1章

徳川幕府が気づかなかった売国への道〜井伊直弼と田中角栄

田中角栄を唸らせた、北京の宿舎

一人前・五〇万円超の懐石料理。

どんな中身を想像されるであろうか。

前菜・煮物・焼物・碗物・刺身・ご飯・甘味・お酒。

詳しく見れば、鯛の吸物や蛤《はまぐり》・鰈《かれい》、鯛の塩焼、車海老や白魚の丼、伊達巻鮨・うすらい煮、大蒲鉾《かまぼこ》に鴨《かも》等々。

江戸末期、これだけのものを食べられるのはごく限られた金持ちで、武士階級でもなかなか口にはできなかった。

ところが。

「なんと貧しい食事か」

と感想を漏らした罰当たりがいる。

マシュー・ペリー。アメリカ海軍の軍人で、言わずと知れた「黒船艦隊」の司令官である。

彼が嘉永《かえい》七年（一八五四）、二度目の来日をした際に徳川幕府が饗応用に用意したのが、日本橋にあった名店・百川《ももかわ》の超高級懐石料理であった。

が、肉食文化のアメリカ人にとっては、味は薄いし（見事な出汁であったはずだが）、肉はほとんどないから、これを「貧しい」と解釈したのであろう。

ところは変わって、昭和四十七年（一九七二）九月。

宿舎の食事は、新潟コシヒカリのお米に、同じく新潟は柏崎の味噌でつくった味噌汁。

別に珍しくもないが、これが日本と国交を樹立する前の中国・北京であれば、意外感はある。

宿舎に入ったのは田中角栄首相（当時）一行。

田中の部屋は、暑がりの田中のために摂氏《せっし》一七度に設定され、冷たいおしぼりと氷水、それに田中の大好物の台湾バナナまで準備されていた。

田中の秘書であった早坂茂三が、事前に中国側から田中の好みを聞かれ、米や味噌など早坂が答えた田中の嗜好《しこう》そのものすべてが、用意されていたという（早坂茂三『政治家田中角栄』）。

徳川幕府は、ペリーの好みも、アメリカ人の食生活もほとんど把握しようとしなかった。自分たちの基準で最高の物を出し、評価を得なかった。

他方、中国は、田中の好みを味噌のブランドまで特定し、田中を唸《うな》らせた。中国が偉くて徳川幕府が劣っている、という話ではない。しかし、決して接待下手ではない日本人が、なぜ金だけかけて気配りができなかったのか。

それは、ペリーとの交渉に徳川幕府の腰が引けていた、もっと言えば、本音ではペリーと交渉すらしたくなかった徳川幕府と、有利な条件で日本と国交を樹立させたい中国との差であった。

敵の敵は味方

ペリー来航時のアメリカは、当時盛んだった捕鯨の、薪《まき》や水の補給基地として、日本はどうしても欠かすことのできない場所であった。加えて、新興国として力をつけていたアメリカは、ヨーロッパに先んじて日本と交易することでアジアに足場を築き、勢力拡大を目論《もくろ》んでいた。

対する日本は、徳川幕府初期以来の鎖国体制を、そのまま守っていきたい。

鎖国といっても完全に国を閉ざしているわけではなく、長崎において幕府はオランダと清国に限り交易をしていたし、しかもそれを独占していた。だから、別に開国する必要はなく、開国によって生じる様々な問題を抱え込むより、今のままでいた方がはるかに都合がよかったのである。

つまり、ペリーとは何も約束せずにさっさとアメリカに追い返したかった。

他方、昭和四十七年当時の中国。

戦後、中国共産党支配下の中国大陸では、毛沢東が「大躍進政策」と称し、大陸各地に無茶な生産ノルマを課した。地方は中央に評価されたいから、できもしないのに、農業や工業の生産高を偽って高く報告。報告した以上は納品しなければならないから、たとえば鉄は粗悪品だらけで使い物にならず、農産品は農民が食べる分まで納めなければならなかった。

結果、数千万人に及ぶ中国国民が餓死したと言われている（ステファヌ・クルトワほか『共産主義黒書 コミンテルン・アジア篇』等）。

毛沢東は一時的に力を失い改革派が台頭するが、改革派を潰《つぶ》すために「文化大革命」という、「文化」とはかけ離れた野蛮な政治運動が繰り広げられ、改革派はもちろん、一般国民まで粛清《しゅくせい》の対象になった。

かつて友好関係にあったソ連とも、どんどん対立を深めていく。

国内的には安定を欠き、国際的には孤立していたのである。

しかし、昭和四十七年二月にアメリカのニクソン政権が、「敵（ソ連）の敵（中国）は味方」と考え、ソ連に対抗するため、それまで国交のなかった中国と結びついた。ニクソン訪中である。

中国としては、一気に国際社会に打って出る機会であり、アメリカに続いてヨーロッパ諸国、そして日本と国交を樹立することは、中国の大きな国益につながった。

田中角栄が好むブランドの味噌まで用意した裏には、そういう思惑もあったのである。

あり得ない条約だった「日米和親条約」

さて。前置きが少し長くなったが、外交には様々な要素が混じり合って、国内情勢や国際関係の複雑な方程式の上に展開されることはおわかりいただけるであろう。

しかも、外交は一歩間違えると、巨大な組織も簡単に滅亡させる力がある。

世界最大規模の城郭（江戸城）、貿易は独占、八〇〇万石にのぼる所領を有し、豊富な人材を抱えていた徳川幕府は、なぜ衰退していったのか？

要因は様々である。が、開国外交によって政権基盤が揺らぎ、衰退の大きな原因になったことは疑いない。

通常、徳川幕府（以下、特に断らない限り「幕府」と略す）が滅んだ起因として、天保の改革の失敗が挙げられる（財政再建の失敗など）。だが、幕府の威信が決定的に堕《お》ちたのは、開国外交とその後の政治運営の失敗からである。

それは、巷間《こうかん》言われるような「大老・井伊直弼《いいなおすけ》が独裁政治によって国政を誤った」のが主たる要因なのか？

だとすれば、開明的で英明と言われ、井伊直弼の最大の政敵であった徳川慶喜《よしのぶ》が政権を握ったあと、幕政は盛んになったであろうか。

否である。幕府の力は決して戻らなかった。

となると、幕府崩壊のターニング・ポイントはやはり、井伊直弼政権が成立する前から始まっていた「開国外交」にあるのではないか。

本章では、巨大組織が崩壊する端緒《たんしょ》の指導者たちの失敗を、開国外交から解き明かしていきたい。

日米和親条約は、堅く閉ざした「鎖国」という門のカギを開ける役割を果たし、その後、日米修好通商条約によって、門は開かれた。

日米和親条約は、嘉永七年（一八五四）に、老中・阿部正弘政権が結んだ。日米修好通商条約は、その四年後の安政五年（一八五八）、大老・井伊直弼政権時に調印された。

まずは、日米和親条約から。

日米和親条約は、通常であれば考えられない条約だった。中身は、ごく簡単に言ってしまえば、通商（交易）まではいかないが、難破船員の保護、アメリカ船舶に対する食糧や水の供給、下田や箱館の開港によって、それまで幕府の祖法であった鎖国を終わらせ、事実上国を開いた、ということである。

なぜ「あり得ない条約」だったかと言えば、相手がアメリカだったからである。

超日本型政治家・阿部正弘

日米和親条約が調印された一八五四年。アメリカではテキサスやカリフォルニアなどが州として属してから、まだ十年も経っていなかったし、南北戦争はこの七年後に始まる。

ようやく目覚め始めた新大陸国家。アメリカは今のような超大国ではなかったのである。

では、当時の超大国であるイギリスやフランスは何をしていたのか。

実は、日米和親条約調印の三日前（一八五四年三月二十八日）、英仏ともにロシアに宣戦布告してクリミア戦争に突入し、日本を相手にしているどころではなかったのである。むろん日本と接触はあったが、アメリカのように軍艦を連ねて、「言うことをきかないなら戦争だ！」という砲艦外交はできる状況になかった。

ついでに言えば二〇一四年、ウクライナにロシアが介入することになった舞台もまさにこのクリミア半島での勢力圏問題であった。歴史は続いているのである。

さて、日米和親条約を結んだ日本側の責任者、老中・阿部正弘。

温厚篤実《とくじつ》。周囲の者は、阿部が怒ったところを見たことがなかった。

その政治手法もまた、安定感抜群の超「調整型」政治家で、みんなちょっとずつ不満を持ちながらも、「ご老中がそこまで言うなら、やむを得ませんな」と、納得させられてしまう。

たとえば。

「阿部正弘は実によく人の話を聞く男だが、自分の意見というものを述べたことがなかった。ある人が不審に思ってそれを阿部に問うと、阿部は笑って、『自分の意見を言って、もし失言だった場合、それを言質にとられて職務上の失策となる。だから、人の言うことをよく聞いて、善きを用い、悪しきを捨てようと心がけている』と答えたという」（松平春嶽《しゅんがく》『雨窓閑話稿』）。

阿部の家臣は、「御面相いつも春のごとく賑わしく〔略〕いかなる鬼神も降伏すべき御容貌」（石川和介『芳躓』）と阿部を評している。

性格が良くて、人の話を聞き、しかも必要ならば自分と意見を異にする人物も重用して事態を動かす。まさに、日本型政治家の鑑《かがみ》のような人物であった。

ペリー来航記念碑の碑文を書いた伊藤博文

その阿部が、アメリカとの間で結んだ日米和親条約は、完全に不平等な条約であった。

「最恵国待遇《さいけいこくたいぐう》」

もし日本が他国と条約を結んだ場合、それが日米間の取り決めより、他国にとって有利なものなら、その有利な条件をアメリカにも適用する。

つまり放っておいてもアメリカは日本に対して、もっとも有利な条件を与えられ続けるわけである。

開港や食糧援助も謳《うた》われているが、義務は日本側のみであり、まったく片務《へんむ》的なものであった。

それでも調印した理由は何であったのか。

当時の狂歌が残っている。

アメリカが　きても日本は　つつがなし

アメリカがやってきても、日本は恙無《つつがな》い（大丈夫）、という意味と、「砲（つつ＝大砲＝近代的な軍備）」がない、ということを皮肉ったのである。

ペリーが日本側に白い大きな布を渡して、

「もし条約を調印しないのなら、戦うしかない。その時には、この白旗を掲げよ。そうすれば降伏したと見なして攻撃を止めてやる」

と、幕府に脅しをかけた。

今、久里浜に行くと、ペリーの上陸記念碑がある。

「北米合衆國水師提督伯理上陸紀念碑」

水師は海軍、伯理は「ペリー」の当て字。まるで、「よくいらしてくれました」とでも言いたげな文言である。

碑文は、伊藤博文の筆による。

開国反対、攘夷《じょうい》断行で実際に外国人を襲撃していた伊藤が、なぜこんなものを書いたのか。それはとりもなおさず、ペリー来航が幕府崩壊の引き金となり、伊藤ら長州や薩摩による新政府樹立の大本になったことに由来する。

ついでに言えば、下田や函館、東京の芝公園などにもペリーの銅像や記念碑が置かれている。

歴史的な出来事として設置されるならば理解できるが、条約交渉中に日本側に白旗を送ってきて、「いやなら戦争するぞ」と脅した相手にここまで敬意を払う必然性があるのか、筆者は疑問である。だが、明治以降の歴史観では、これを是《ぜ》としたことがわかる。

戦艦ミズーリに翻る、ペリー艦隊の星条旗

アメリカ人の銅像で思い出したが、厚木基地に行くと、「日本の民主々義の生みの親マッカーサー」と碑版を掲げた、ダグラス・マッカーサーの銅像がこれまた鎮座《ちんざ》している。

筆者はてっきり、在日米軍関係者がつくったのだと思い、「自画自賛か。厚かましいなあ」と思ったが、あとで調べたら、なんと日本人の有志がこれを建立していた。

厚木基地は、マッカーサーが最初に降り立った場所である。いわば「日本上陸記念」の場所。歴史的な場所なのはわかるが、彼が行った占領行政が日本のためのものであったなどと、センチメンタルに考えるわけにはいかない。日本に益した部分と害した部分を冷静に判断すべきである。それゆえに、「マッカーサー万歳」的な銅像には違和感を覚えた。

同じことがペリーについても言える。

黒船来航によって開国へ大きく舵が切られたのは事実だが、ペリーをはじめアメリカ政府から派遣された人々が、好意から開国を求めたわけではない。

これを軽く見ると、当時の幕府の苦悩や政権担当者、交渉役たちの必死の対応が見えなくなる。「愚かで遅れていた幕府が訳もわからず欧米と開国し、進んだ思想を持つ優れた薩長が幕府を倒して、欧米に侵略されない近代国家をつくった」という、薩長史観にはまってしまう。

もっと言えば大東亜戦争敗戦時、アメリカはペリーが来航した時に翻《ひるがえ》していた星条旗をわざわざ戦艦ミズーリまで持参し、降伏文書調印を行った。何をか言わんや、である。

日米和親条約は、外交交渉のほとんど経験のない（あっても外国船を追い返すだけの）幕閣や幕府役人が、時間稼ぎをしながら、持ちうる限りの力を発揮していたことだけは認めたい。

幕府はなぜ黒船対策をしなかったのか

しかし、努力したのだから不平等条約であっても仕方がない、とは言えまい。そして、阿部の失敗がやがて、幕府を大きく揺さぶる震源になっていくのである。

開国外交において、老中・阿部正弘は何に失敗したと言えるのか。

第一に、オランダ商館から様々な情報が幕府に事前にもたらされていた、にもかかわらず、幕府は対応を怠った。

実はアメリカが艦隊を派遣する可能性について、オランダから事前に幕府に報告があった。しかし幕府は事実上、何も有効な対抗措置はとらなかった。

第二に、第一と関連して、黒船来航まで軍備増強に関わる予算を確保しなかった。

第三に、外様《とざま》大名や陪臣《ばいしん》、市井《しせい》の者にまで意見を求めた。

「誰もが意見できる」というのは、聞こえはいいが、意見を聞く側に準備と、良い意見を受け入れ実行するシステムがなければ、逆に不満を増幅する。

各々詳しく見ていこう。

第一の、情報取得とその対応。

嘉永五年（一八五二）、幕府は長崎のオランダ商館長から東インド総督の手紙を渡された。

「来年アメリカは艦隊を組んでやってきて、日本に開国を迫る」

と知らせてきたのだ。が、阿部は内心その恐怖を感じながらも何ら為《な》すところなく、翌年の黒船来航を迎える。

阿部を肯定的に描く研究者たちも、この点については歯切れが悪い。

「すべては来てから（黒船来航）のことと肚《はら》をくくり、秘密が一般にもれることを厳戒した」（土居良三『開国への布石』）

なぜ、阿部は積極的な準備や対応をしなかったのか。

まず、アメリカが艦隊を率いて一年後にやってくるかどうか、確信が持てなかった。また、幕府財政の逼迫《ひっぱく》から、目に見えない危機に対する積極的な予算措置が取れなかった。

天保の大飢饉《ききん》など地方の自然災害が引き金となって、農作物を主たる財源としていた幕府や大名家の財政は困窮《こんきゅう》していた。農業生産の落ち込みによって大打撃を受け、倹約令を出して財政健全化を図るのだが、うまくいかない。

阿部のこの間における経済活性化政策（株仲間の再興等）を、開国を見越した政策という評価もある（前記土居氏）。しかしこれは開国を見越したのではなく、幕閣内で会計書類を読める数少ない能力保持者の阿部が、純粋に幕府経済を立て直そうとしていたと考えることもできる。

つまり、阿部をはじめ幕府全体として、黒船対策をしていなかったということである。阿部の第二の失敗、防衛力整備の予算を獲得しなかった（できなかった）ことにもつながるであろう。

「何もしない」ことで政治を動かす、「不作為の政治」の名手でもあった阿部の政治手法が、この場合には災いしたというべきである。

阿部政権当時、開国か鎖国維持かで言えば、幕府中枢でも鎖国維持が圧倒的多数であった。ゆえに、本心では開国を進めたい阿部も、政治の安定を優先して課題を先送りし、アメリカがやってきたらその時に対処する、という考えであった。

ちなみに、当時幕閣ではないが、幕府中枢に近い人物で開国に積極的に賛成した数少ない者の中に、井伊直弼がいたことを付言しておきたい（詳しくは後述）。

禁断の七〇〇通の意見書

阿部正弘の第三の失敗は、開国について、広く意見を募《つの》ったことである。

幕府が他に意見を求めることは、この時が初めてではない。

オランダ国王親書への対応策について、それまで三奉行（寺社・勘定・町）と林《はやし》大学頭《だいがくのかみ》（儒者）に答申を求めていたが、その枠を超えて、大目付と目付が正式な諮《し》問《もん》対象になった。

さらに嘉永二年（一八四九）には、長崎や浦賀、下関に、アメリカやイギリスの艦船がやってきたことを受けて、幕府内に留まらず、譜代大名や儒学者たちにも意見を聞き、意見書を提出させた。

他にも細かに見ていくと、モリソン号事件や天保の薪水給与令など、外交問題が起きるたびに徐々に諮問する相手の数が増えていく様子がわかる（藤田覚『近世後期政治史と対外関係』）。

これが、嘉永六年（一八五三）ペリー来航時の、大名から一般の民間人まで約七〇〇通に及ぶ大規模な意見書提出につながっていくのである。

阿部は老中時代、朝九時から午後の二時頃まで、「話を聞いてくれ」という人々およそ四〇～五〇人と、登城するたびに面談していた。

肥満体であったため長時間の正座は辛かったであろうが、そういうことは一切態度に出さず、相手の話を熱心に聞いた。

やっと面談が終わって阿部が部屋を出たあと、茶坊主が正弘の座っていた跡を見ると、汗のために畳が湿っていたという（木村芥舟《かいしゅう》『菊窓偶筆』）。

その、「人の話を聞く」阿部正弘が、黒船来航のひと月後に出した触れが、大規模な意見募集であった。

幕臣をはじめ諸大名、さらには大名の家臣たちにまで、ペリーが持参した開国要求書を翻訳して開示し、どうすればよいのか、意見を求めたのである。

幕政に対する批判は、禁じられてきた。その禁が破られた。

黒船来航が明治維新の始まりだったとする説に異論はないが、日本中が実際に政治的に動き出したのは、まさに阿部正弘が情報を開示して広く意見を求めたこの瞬間であった。

保守派は見抜いていた

政権担当者が国民に意見を聞くことは、民主主義国家にとっては当たり前のことであり、現在の私たちから見ればごく普通の出来事である。しかし、幕政批判どころか、時期によっては娯楽本を書いたというだけで罰せられた江戸時代。国を揺るがす大事について意見を出せと言ったのだから、その影響は計りしれない。

第一に、意見を聞かれた大名らに戸惑いと不安をもたらした。

幕府は皆に意見を聞かなければ政治を行えないのか、そんなに弱体化しているのか、という意外感。そして、出された意見書によく表れているのだが、「何をどう主張していいのかわからない」という、意見慣れしていない様子。

さらに「下手なことを書いて、あとで罰せられないか」という不安。仕方がないとはいえ、意見書提出側の準備が十分ではなかった。

第二に、意見書を手にした幕府に、これを活用できるだけの人材やシステムがあったのか。結論から言えば、阿部正弘自身は積極的に有為な人材を登用するが、肝心の幕府機構には、有能な人材に大幅な権限を与えて活躍させるシステムがほとんど存在しなかった。

外国奉行や陸軍奉行、海軍奉行といった役職は人材登用の主な場になったが、それとて、国政の政策決定権限は与えられていない。現場への決定権移譲はきわめて限られていた。

政治の方向を決める幕閣への登用はもちろん、幕閣に影響を及ぼせるような役職に、家柄など関係なく人材が抜擢されることはなかった（阿部正弘は、外様有力大名の参政を考えていたのだが、実現前に阿部は病没した）。幕府が人材の宝庫でありながら人材を活かしきれなかったことが最大の問題点でもある。

第三に意見募集は、初めて「日本国」という国全体の将来について積極的に考えるきっかけを、武士階級はもとより、意識の高い一般人にまで及ぼした。

江戸時代は政治の単位が基本的には「藩」であったため、国家全体を考えることは稀《まれ》であった。幕末に皇国史観を基礎とする「国学」が栄えるのは、国家を象徴するものが天皇であったためである。そういう意味でも、それまで政治的な影響力のほとんどなかった朝廷を政治の現場に押し上げる遠因にもなった。

第四に、幕府内保守派の猛反発が生じた。

幕政に対して外様大名らが意見するなどもってのほか、まして武士でもない一般人が口を出すとは何事か、これでは幕府の権威が地に落ちる、というのである。

保守派はどの時代どの国でも、「権威」を重視する。国家にとって権威は大変重要なもので、政府や政治指導者に権威がないようでは困る。理屈抜きで人が信用し尊重してくれるための装置が権威であり、法律や決まり事だけで政治は動かない。が、その権威はあくまで、権威を支える経済や社会の安定が前提であり、社会全体が不安定になっている時に指導層が権威を振りかざすと、逆に権威は失墜していく。

政治が機能していないのに、「黙って言うことをきけ」では、誰もついていかない。

幕府保守派はしかし、外様大名の進出イコール譜代大名（幕府保守派）の退出、と、権力の移動を見破ったのかもしれない。

阿部の改革とゴルバチョフのグラスノスチ（情報公開）

阿部正弘が広く意見を募ったのは、（１）本当に役に立つ意見を集めたいということ、（２）意見書を見て役に立つ人物を登用したいというリクルーティング、そして、（３）外様大名に意見を求め、彼らの幕政参加を可能にする、という組織改革が狙いであった。

改革は難しい。

どんな組織でも新しい試みというのは、反発を受けるものである。危機感を持っていない人物に、「このままではいけない。改革をしなければ」と言ってみたところで、「余計なことをするな」と反発を受けるだけである。なぜなら、改革とはつまり、今まで地位にあぐらをかいていた人間の排除につながるからである。

改革を邪魔するというのは、理屈ではなくて感情であり、排除される側の生存本能である。

たとえば、蕃書調所《ばんしょしらべしょ》の設立に関して、「なぜ討ち果たすべき夷人《いじん》の文物を調べるのか」という感情的な違和感が出る。あるいは、弓矢や刀よりも鉄砲、それも西洋の最新式の鉄砲や大砲の方がはるかに破壊力が強いとわかっていても、「伝統的制度としてあった持弓組《もちゆみ》、先手《さきて》弓組をいきなり廃して鉄砲組にするなど、とうてい不可能」（土居良三『開国への布石』）というのが幕府の現実であった。

役に立とうが立つまいが、今存在する組織はそこにいる人間にとって既得権であり、やすやすと手放すつもりはない。

外様大名に幕政へ乗り出されたら、譜代大名の行き場がなくなる。改革など百害あって一利なし、と思うのは無理からぬところである。

それを納得させて、しかも彼らの不満や不安を極力抑えながら改革の実を上げていくというのは、並大抵のことではない。

かつてソ連（現ロシア）では、ミハイル・ゴルバチョフが改革を断行し、その大きな一つがグラスノスチ（情報公開）であった。

国民からは大歓迎されるが、それまで隠蔽《いんぺい》していた問題が表面化して、むしろ体制への批判が噴出する結果になる。

ゴルバチョフ改革が挫折したのは、経済改革の過程で既得権を持つ勢力との権力争いに発展したことや、改革の結果が必ずしもソ連国民の思うような結果にならなかったこともあるが、それまで情報に接してこなかった人々が政治に目覚めた、という点は見逃せない。

情報に接すれば、次は批判を行い、最後は参加して権力を奪取する。ゴルバチョフも阿部も、ソフトランディングで国を変えていこうとしたが、人々を目覚めさせることによって、特に幕府はハードランディング的な最期を迎えることになる。

阿部改革反対派も取り込む

そうは言っても、阿部は幕末の日本が持ち得た、最上級の政治家であった。改革の必要性、外国への正しい認識、対応すべき人材登用、今で言う財務諸表を読める実務能力、保守派への根回し、攘夷派の抱き込み……。

しかし、阿部の政治生命は、彼が三十九年の生涯を閉じた時に終わった。

阿部正弘は、備後福山（広島県福山市）一〇万石の大名。

老中、と書くと年寄りを想像してしまうが、阿部が最初に老中になったのは弱冠二十五歳の時（天保十四年・一八四三）。老中首座、総理大臣的な立場に任命されたのが二十七歳（弘化二年・一八四五）で、それから十二年間ほぼ政権担当者の座にあって、三十九歳の若さで死去した。

江戸時代の平均寿命は五十歳前後。彼は老中という高い身分であったから、食事など普段の生活に不自由しなかったはず。その阿部が三十九歳で亡くなったのは、当時も言われていた「激務による過労」が原因であったろう。

阿部政権の置き土産は、人事であった。

阿部は、すでに触れたように、見識と実行力のある人材を親藩も外様も関係なく起用していかなければいけない、と考えた。

幕政に関与できるのは譜代大名だけであり、外様大名はもちろん、親藩大名（御三家御三卿など）も老中にはなれなかった。徳川宗家を相続することと、徳川幕府を運営するという機能は、厳しく区別されていたのである。

阿部はこの「しきたり人事」を打破すべく、親藩大名の松平春嶽や外様大名の雄・島津斉彬《なりあきら》、伊達《だて》宗城《むねなり》らと交流を深め、その協力を仰ぐ。また、水戸の烈公・徳川斉昭《なりあき》を取り込んだ。

斉昭はとびきりの攘夷論者で、外国との融和政策にはまったく反対の立場を取っていた。御三家の一人であり、しかも次期将軍になるかもしれない一橋慶喜の実父でもある。さらに言えば徳川斉昭は、今で言うオピニオン・リーダー。人気もあった。

非常な才人で、彫刻もやり陶磁器もつくる。武芸や学問は玄人《くろうと》はだし。琵琶の名手で歌を詠み料理もできる。三五人も子を成しているから、精力も絶倫。カリスマ性があって、その影響力はきわめて大きかった。

そこで阿部正弘は徳川斉昭を、最初は「海防参与」として海からの防衛に対する顧問に就任させ、次に「兵制参与」、最後は「幕政参与」として幕政に対する顧問にまで処遇した。

これはたとえば、大正時代に原敬《はらたかし》が性格も価値観もまったく違う元老の山縣有朋《やまがたあり とも》に対して、時に卑屈に見えるほどの態度で意見を聞いたりする姿勢とよく似ている。佐幕の盛岡藩出身だった原敬にとって、長州閥の巨魁《きょかい》・山縣有朋は憎しみの対象ですらあった。しかし、貴族院と陸軍を完全に掌握していた山縣を敵に回す不利を原はよく知っていた。

人は、相談されると、つい相手の身になって考えてしまう。「おれは聞いていない！」という、もっとも原始的な文句のつけようもない。

このように阿部は、「人の話を聞く」姿勢で多くの有能な外様大名・親藩大名と交流を拡大し、彼らの発言力を増大させ、改革派を取り込んでいく。

反発の多かった保守派に対しても、ぬかりはなかった。

江戸城の「溜間《たまりのま》」に詰めていたのは、会津藩や彦根藩といった保守色の強い、歴代大老や老中首座を出している有力譜代大名家であった。彼らは基本的に「阿部改革」にいい顔をしない。そこで阿部は安政二年（一八五五）、溜間詰めであった堀田正睦《まさよし》を、なんと自分の代わりに老中首座に据える融和人事までやっている。

こういう政治力を持った阿部が長命であったら、幕末の情勢は違った展開を見せていたことであろう。

政権内部で一致していた開国

しかし残念ながら阿部は前述の通り、三十九歳で亡くなった。改革半ば、日米和親条約は結んだものの、国内情勢はつっかえ棒を外したようにガタガタときしみ始める。

阿部がいなくなって問題が先鋭化したのが、将軍継嗣《けいし》問題であった。第十三代将軍家定は病弱であったため、早めに次期将軍を決めたい。

阿部が厚遇した有力外様大名たちは、一橋慶喜を次期将軍に据えようとしていた。他方、保守派の譜代大名たちは、紀州の徳川慶福《よしとみ》（のちの家茂《いえもち》）を推した。

幕末の政局は「開国か否か」という争いがどこまでも続いていたかのように錯覚するが、阿部政権末期には攘夷派も開国派も、どちらも「攘夷は現実的ではない」という点で一致していた。攘夷派の徳川斉昭はすでに阿部政権時代、「撃攘《げきじょう》必ずしも可なりと謂《い》うべからず」（外国船を攻撃することは良策ではない）と、攘夷を否定する答申を出している。

阿部没後、権力を回復した保守派の中でも次世代のホープと目されていた井伊直弼は、合理的な開国論を唱えており、「開国して交易し、国力がついたらまた鎖国してもいいではないか」と、その主張は攘夷派の徳川斉昭と大きな差がないとすら言える。

つまり阿部政権末期から、「攘夷か開国か」というのが政争の中心軸ではなく、病弱だった徳川家定の後継将軍を誰にするか、という権力争いがメインテーマになりつつあった（家定は安政五年七月まで生きた）。政権中枢は、ハイレベルな外交問題について、幸いにして同じ方向性を持っていたのである。

これは、驚くに値しない。

政権を担当する側の外交を「与党外交」と呼ぶ。

与党外交は、現実に政権を担当している者が行っているから、現実を無視した外交は行えない。自国の力を冷静に判断して「外国と戦争できる状態ではない」と徳川斉昭が述べたのも、彼が政権与党内の人間で、政治に責任を負っていたからに他ならない。

では、攘夷は政治課題ではなくなったのか？

それは、政権内部において主たる論点ではなくなっただけで、政権を包み込む日本全体の空気として、攘夷ほど政治意識を刺激した事態はなかった。

阿部正弘が前述の通り、上下多くの意見を聴取したことで、国政は幕府だけが考えることではなく、一般の庶民まで巻き込んだ目覚めとなった。

人は「気」と「無私」で動く

政権内部では、国の安全、政治の安定を第一に考えるから、攘夷など論外になる。

他方、大名の家来や浪士、学者にとって攘夷は、やらなければならない政治目標になった。当時の攘夷派の主張を見ると、何か使命感にあと押しされるような、一種の熱を感じる。

このことを、慶応義塾大学の中村菊男教授の唱えた「気」と「無私」による政治行動で説明すると、非常にわかりやすい（中村菊男『政治文化論』『日本人を動かすもの』ほか）。

日本人が政治行動を起こす要因は何か。もっと平たく言うと、人々が熱狂的に行動する理由は何か。

それは、「気」と「無私」であり、外交もこの原則に大きくはずれない。

「気」とは、空気でもあるが、特に「気分」と捉えるとわかりやすい。「その気にさせる」と言い換えてもいい。

日本人は「その気にさせる」要因があれば、一気に特定の方向に流れる。では、どうすれば「その気」になるのか。

それが「無私」である。

「無私」とは、自分以外の崇高な目的のために、犠牲をいとわず動く、ということである。

「無私」はそれ自体、決して否定すべき感情ではなく、むしろ、生活の中で活かせれば社会は安定し、より良い世の中になるであろう。

しかしひとたび「気」と「無私」が政治運動と結びつくと、時に歯止めが利かなくなる。

攘夷運動というのは、夷狄《いてき》（外国人）を攘（はらう＝打ち払う）ことだが、現実的に外国船を襲撃して戦争し勝つことなど、できるわけがなかった。が、攘夷が政治運動になったとたん、「日本は外国と戦う国力を持っているかどうか」ということは二の次になる。

これは、外交で言えば「野党外交」である。

政権を担っていないからこそ理想論が言えるし、あるいは過激なことが言える。

幕末に外国人を襲ったのは、例外なく外様大名家の家臣や浪人たち、つまりは野党の人々であった。

筆者は、だからといって与党外交が正しい、と言っているのではない。阿部正弘政権に見る与党外交は、現実対応という名の「現状維持」にしかならなかった。時に理想を掲げて現状を変更する勇気も、必要な時がある。

攘夷運動が結果として政治を大きく変えた事実は、このことを示している。

野党が攘夷ならば、与党たる幕府内では何が大きな政治課題であったのか。

すでに触れた「将軍継嗣問題」である。

保守派の譜代大名たちが、紀州の徳川慶福（のちの家茂）を担ごうとしたのは、「血筋が現将軍に一番近い」から、という理由であった。

改革派は、「激動の時代には英邁《えいまい》な人物、すなわち、一橋慶喜公（のちの徳川慶喜）を将軍に迎えるべき」と主張した。

たしかにまだ十一歳の慶福が将軍になっても、彼自身が機能するとは考えられない。が、当時の幕府機能は、老中の合議による集団指導体制である。

であれば。

将軍は権威の象徴として存在すればよい。権威の象徴ならば、血統の近い者がなるというのは、不自然な結論ではない。

家定のあと、徳川第十四代将軍になったのは紀州の徳川慶福（家茂）。

家茂を支えて政権を担うのが、保守派の巨頭・井伊直弼であった。

ちなみに井伊直弼は、将軍継嗣問題で「赤坂（紀州藩邸のあった場所）より外には致し方もこれなく」と、紀州の徳川慶福になってもらうしか仕方ない、という、消極論であった（母利美和《もりよしかず》『井伊直弼』）。

井伊直弼は斬られて役割を果たした？

阿部没後、政権は堀田正睦を経て井伊直弼にバトンタッチされる。
井伊直弼とは、いったいどんな人物なのか。

「十五夜に二人で見た月は美しかった。しかし、一人でいる今は、月だけでなく、日々のできごとも欠けたように見える」

（名もたかき　今宵の月はみちながら　君をしらねは　事欠けて見ゆ）

この和歌を、胸にあふれる思いと共に恋人に送ったのは、若き日の井伊直弼であった。

当時二十代後半の直弼は、彦根藩主・井伊直中《なおなか》の十四男として不遇をかこちながら、村山たかという才能と美貌を兼ね備えた女性に恋をしていた。

この純情な青年がそれからおよそ二十年後に、徳川幕府の大老として開国という事態の中、国政の舵取りをしていくのである。

井伊直弼は、政権を担当した当時から評判が良くない。

あだ名を「赤鬼」。彦根藩の藩祖・井伊直政《なおまさ》も「赤鬼」と呼ばれたが、直政は「井伊の赤備《あかぞな》え」（井伊家は武田家を模倣し赤い甲冑《かっちゅう》で兵を統一していた）で、勇猛果敢さを賞されたものであった。直弼の場合は、強引な政治手腕を憎悪されてつけられた。

井伊直弼が大老に就任した時の様々な人物の感想が伝わっている。

「掃部《かもん》（直弼）は将器にあらず」勘定奉行・永井尚志《なおゆき》。

「児輩《じはい》（子どもなど幼稚な者）に等しき男」目付・岩瀬忠震《ただなり》。

「彦根侯（直弼は）性質奸佞《かんねい》（悪賢く、心が屈折している）」水戸藩士・西野宣明《のぶあき》。

近年で言えば、

「直弼が欲しかったのは《権勢》だけだった」（野口武彦『井伊直弼の首』）

極めつけは、桜田門外で井伊直弼が殺されたことについて、司馬遼太郎がこんな指摘までしている。

「暗殺という政治行為は、史上前進的な結局を生んだことは絶無といっていいが、この変（桜田門外の変・筆者註）だけは、例外といえる［略］斬られた井伊直弼は、その最も重大な歴史的役割を、斬られたことによって果たした」

「暗殺者という者が歴史に寄与したかどうかを考えてみた。ない。ただ、桜田門外ノ変だけは、歴史を躍進させた、という点では例外である［略］桜田門外の暗殺者群には、昂揚した詩精神があった」（司馬遼太郎『幕末』）

こういう考え方をすべて否定するつもりはない。しかし、彼らが触れようとしない井伊直弼の人間像も確かに存在する。

指導者が教養を持つ意味とは

直弼は、彦根藩主・井伊直中の十四男として生まれたことは触れた。

普通に考えると、十四番目の子が跡取りになることは、ほぼあり得ない。

当時周囲も本人もそう考えており、直弼はその名もずばり「捨て扶持《ぶち》」（三〇〇俵）をもらって、城下の一隅に暮らした。

井伊家は、名門である。

藩祖・井伊直政は徳川家康の側近中の側近で、前述の「井伊の赤備え」として有名な、徳川軍団の最精鋭部隊でもあった。

譜代大名の筆頭格として常に重きをなし、結果的に言えば、直弼自身が幕府政治の頂点に立ち、幕府の幕引きにまで大きな影響を与えることになる。

が、青年時代は、そんなことは思いもよらない。

こういう名門家の庶子は、他の大名家や旗本の跡取りとして養子に迎え入れられることを待つしかない。それまでは忍従の日々を送るのである。

その間、藩政にたずさわることはない。つまり、実質的に仕事はないのである。かといって、遊興にふけることもできない。

冒頭の村山たかに宛てた恋文の中で、「たかに与えるつもりであったお金を工面することができない」という窮状を吐露している。嫡男でないといっても一応藩主の息子だから、体面を保たねばならない。それらはすべて「捨て扶持」の中で賄《まかな》うのである。

お金はなくて、遊ぶこともできず、政治にも参加しない。

全国の大名の庶子がそうであったように、井伊直弼も、養子にもらわれていく時を待つ間、教養を深めることに時間を割《さ》いた。

直弼は、もともとが非常に真面目であった。

そしてこれは彼の政治姿勢にもつながるのだが、理論的なことを好み、物事を考え抜き、窮《きわ》める性質であった。

たとえば、茶道。直弼は『茶湯一会集《ちゃのゆいちえしゅう》』という、茶道に関する独自の見解を著している。能にも造詣《ぞうけい》が深く、自ら創作もした。また、居合では流派を創設し、文武両道に秀でた面を青年時代に形づくっていたのである。

直弼を否定的に論じる人々も、彼の教養の深さについてはこれを否定しない。一国の指導者に教養があることは、プラスであっても、決してマイナスにはならない。

教養は本来、物事を判断する時の深さや広さを確保するもので、物事を多面的に見るのに必要なものである。言い換えれば、どんな問題にも常識をもって解決する力がつく。

たとえばカンボジアのポル・ポト政権など、教養を蔑視する政治が凶暴化するのは、物事を多面的に見ず、一つの答えを強要するからである（だからこそ、安政の大獄を行っていた時の井伊直弼の苦悩は、計りしれないものがあったと筆者は考える）。

愛人問題で脅されても圧力をかけなかった井伊直弼

直弼は兄たちが次々と養子に行き、井伊家の嫡男であった直元《なおもと》が急逝したこと等があって、つまりは偶然が重なって嫡子の地位につく。

それまで本人も周囲も、まったく藩主になるとは思っていなかったため、直弼は政治経験をほとんど持たず、三十六歳で藩主になった。

のちに江戸幕府の大老として「悪名」を轟《とどろ》かせる直弼だが、彦根藩の藩主としてはいたって評判の良い殿様であった。

当時の彦根の藩政改革は本稿の任ではないので詳しくは触れないが、直弼の政治家としての性格を特徴付けることとして、彼は積極的に家臣からの諫言《かんげん》を聞き入れたことだけは挙げておきたい。

耳に痛い批判も含めて、家臣からの進言を受け入れ、それらを真摯に受け止めて藩政を行ったのである。

これまでの井伊直弼像は、専制君主的で誰の言うこともきかない、川路聖謨《かわじとしあきら》の家臣が指摘する「頑固で強情な男」を想像するが、そう見えるのは真面目かつ一本気であったからである。他人の意見をまったく受け入れない狭量な人物では、彼を担いでやろう、という派閥もできなかったであろう。

しかし井伊直弼は「溜間」という主要譜代大名が席を置く、いわば幕府内保守派の総本山の中で担がれて、「直弼を我らの旗頭に」ということで大老就任が決まったのである。

保守だろうが革新だろうが、人間集団である以上、まったく人の話を聞かない人物が権勢を握ることはあり得ない。ここにも、井伊直弼に対する誤った認識がある。

さらに、井伊直弼が「安政の大獄」で政治的粛清を行ったことを指して、「井伊直弼は残虐非道」という印象が強いが、これも一考が必要である。

たとえば、彼は愛人関係にあったとされる村山たかの件で、ある僧侶から脅迫を受けていた形跡がある。しかしその僧侶を抹殺することはなく、権力を使って圧力をかけた様子もない。信頼する家臣の長野義言《よしとき》に相談し、穏便にすませようとした書簡が見つかっている。

もし直弼がイメージ通りの残虐非道な独裁政治家ならば、遠慮会釈なしにこの僧侶を殺すか、圧力をかけたはずである。にもかかわらず、それを行っていないのは、直弼が個人的には非常に常識的で、真摯な男だった証拠ではなかろうか。

井伊直弼の「開国論」

政治家にとって、個人としてのパーソナリティーと、公人としての行動原理は、まったく同じではない。

特に直弼のような理論を積み上げていくタイプの政治家は、理論的に正しいと結論が出れば心の痛みにふたをして、決断することがある。

井伊直弼にとって、政治的な粛清も開国も、いずれも理屈の上で正しいと信じたから断行したのである。残虐非道な人物というイメージでは、彼の外交政策を正しく評価できないし、また、彼の失敗も正しく批判できない。

直弼の基本的な外交政策は、嘉永六年(一八五三)、黒船来航時に提出した意見書に明らかである。

攘夷は現実的ではない。しかしでは、どうすればいいのか。

たとえば海上防衛について、以下のように述べている。

「海防は、短期間で備えることはできません(海防之全備年月不経てハ難行届候)」

そこで。

「交易は禁止されていますが、（鎖国を決めた）昔とは違って、今は国同士でお互いに物品を融通し合うのは当然のことです（交易之儀ハ国禁なれど、時世ニ古今の差あり、有無相通するハ天地之道也）」

経済を潤《うるお》わせて、国防のための予算をつくっていく。

さらに、人材育成についても、

「アメリカやロシアも、航海術については最近習熟したと聞いています。この点、日本人は頭が良くて物覚えが早いですから、今から訓練すれば、西洋人に劣るわけがありません（亜墨利加魯剌も、航海之術ハ、近年習熟致候由、吾皇国之人性怜悧敏疾、今より習練致さハ、いかて西洋人ニ劣り可申哉）」

日米修好通商条約調印の五年前に書かれた、井伊直弼の意見書である。その後の井伊直弼の言動を追っても、これらの意見から大きく外れたとは考えられない。つまり井伊直弼は元々開国論者であり、しかも政権担当者になる前から、合理的に物事を見ていたことがわかる。

交渉担当者・岩瀬忠震の暴走

真面目で理論家で、信念の強固な井伊直弼は、阿部正弘が日米和親条約を調印してから四年後の安政五年（一八五八）、日米修好通商条約を調印した。

日米修好通商条約は、関税自主権、治外法権、そして最恵国待遇と、不平等な内容のオンパレードであり、アメリカはこれをもって日本に本格的な開国を強要したのである。

なぜ日本は、井伊直弼は、アメリカの圧力に屈し不平等条約を調印したのか。

簡単に日米修好通商条約の調印までを追ってみた。

安政四年（一八五七）十二月。アメリカのタウンゼント・ハリスが総領事として江戸城に登城し、日米修好通商条約の交渉開始を要求し、事前協議が始まる。

安政五年四月。井伊直弼が大老に就任。

同五月。次期将軍に紀州の徳川慶福が内定。

同六月。日米修好通商条約調印。

同七月。将軍家定没す。

日米修好通商条約の事前協議は、ハリスが江戸城に登城した安政四年十二月に始まっている。

井伊直弼が大老に就任したのは、安政五年四月。

日米修好通商条約が調印されたのが、同年の六月。

つまり。

日米修好通商条約の事前協議段階では、井伊直弼は責任者ではなかった。

事前協議段階の責任者は、阿部正弘が死去したあと政権を引き継いだ老中首座・堀田正睦である。

堀田正睦は、条約の交渉担当者であった目付・岩瀬忠震の主張に同調し、調印やむなしという方向で調整を行っていた。

ハリスは「英仏の大艦隊がやってくる」という、かつてペリーも使った「脅し外交」を展開し、岩瀬は脅しとわかっていながら、「今こそ条約調印をして、本格的な開国をすべきだ」と考えていた。

筆者は、開国に前のめりの岩瀬の姿勢を気持ちとしては理解しつつも、外交官としては支持できない。

第一に、岩瀬は全権を委任されたわけではない。

第二に、岩瀬の「開国ありき」という姿勢は、ハリスにとって有利でも日本にとって良いこととは思えない。

第三に、前のめりのゆえにか、治外法権を認め関税自主権を奪われる、不平等条項を容認するという大失態を犯したのである。

外交交渉で、交渉者が意見を持つことはもちろん無理からぬことである。まして鎖国時代の日本で岩瀬らごく少数の交渉担当者は、粒ぞろいの人材であった。彼らは経験こそ浅いものの、今日本にとって何が大事なのか、ということを見極められる目を持っていた。

しかし惜しいかな、鎖国の弊害で彼らは国際的な知識に乏しく、明治時代まで日本を苦しませる不平等条約を調印する羽目に陥るのである。

「いかに岩瀬の才をもってしても、治外法権と関税自主権の重要さには気づかなかった」(松岡英夫『岩瀬忠震』)

これは岩瀬に対する、甘すぎる言い方であろう。

外国に行って状況を探りたい、と希望した岩瀬にその許可を与えなかったことなど幕府首脳の責任は重いが、「知らないのだから仕方がない」というのは、あまりに無責任な言い草である。

のちに井伊直弼によって左遷、あるいは粛清を受けた人々が、すべて有能で完璧であるわけがない。

井伊直弼をおとしめるために、岩瀬忠震らを持ち上げすぎると、本当に何が問題であったのか、失敗の本質が見えなくなる。

天皇の許しなくして調印なし

日米修好通商条約の調印について流れを見てみると、岩瀬らの責任がはっきり見えてくる。

京の朝廷は、孝明天皇の意思によって条約調印反対。勅許《ちょっきょ》（天皇の許し）はおりない。

六月十八日。ハリスとの交渉期限が迫っていた幕府は、下田奉行の井上清直と岩瀬忠震にハリスとの会見を命じた。その場でハリスから、「条約に調印すれば、イギリスやフランスが強引な要求をしてきた時、アメリカは仲立ちする」との言質《げんち》を得た。

この報告を受けた幕府は協議を行う。

はたして、条約を調印すべきか、否か。

意外に思うかもしれないが、この時、列席した幕府の各奉行や老中、若年寄らは、ほとんどが「調印やむなし」で意見が一致した。

政権内で現実の情報に接している彼らは、無責任な「条約拒絶」を選択しなかったのである。

しかし、ごく少数ながら調印に反対した者もいた。

その最大の人物こそ、大老就任二ヶ月目の、井伊直弼である。

直弼は、「勅許を得ないで、調印はすべきではない」ということを一貫して主張し続けた。

天皇の許しを得ずに条約を調印することは、天皇をないがしろにし、それゆえに国内で幕府への反発を招く恐れがある。

井伊直弼は、開国という国難だからこそ上下心を一つにして臨まなければならないと考えていた。言い換えれば、政治的な安定を求めたのである。

この場合の政治的安定とは、国内が分裂せずにまとまることで、天皇が幕府の方針に許可を与えることでそれが実現すると考えた。

さて。

英仏がやってきたら助けてやるから、アメリカの言うことを聞いて調印しろ、というハリスの脅しに、「天皇の許しなんかどうでもいい、さっさと調印してしまえ」と考えるのが正しいのか。

それとも。

調印はやむを得ないが、調印後、国内政治を安定させるためにも、天皇の許しを得なければならない、と考える方が正しいのか。

繰り返すが、開国して交易し、国力をつけて欧米に対抗する、という考え方は、井伊直弼も、岩瀬忠震も、同じであった。

その方法が、違うのである。

岩瀬左遷は暴挙か

下田奉行でハリスと交渉をしていた井上清直は、井伊直弼に、

「交渉が行き詰まった場合は、調印しても宜《よろ》しいか」

と尋ねた。井伊直弼は、

「その時は致し方ないが、なるべく調印は延期するようにせよ」

と答える。

井上と共に交渉担当だった岩瀬忠震は、その場で、

「延期する覚悟で臨みます」

と、井伊直弼に迎合するような言い方をするのだが、交渉再開後、即日で条約は調印された。岩瀬には元々、調印を延期するつもりなどなかったのである。岩瀬のこういう部分が、どうにも鼻につく。

たしかに岩瀬は、井伊直弼が大老に就任した直後の四月末、「勅許を得るため、調印延期を交渉せよ」という命に従って一度これを成功させた。しかし、六月のこの時点では直弼の方針を完全に無視したのである。

井伊直弼と岩瀬忠震は、互いに信頼感を持っていなかった。

井伊は岩瀬の交渉スタイルに対して、大老になる前から不信感を持っていたし(安政五年正月・井伊直弼から堀田正睦への書簡)、岩瀬は井伊直弼のことを頭の古いどうしようもない保守派と軽蔑していた。

日本が本格的に国を開いて交易を開始するかどうかという瀬戸際で、政権のトッ

プと交渉担当責任者が、互いにいがみ合っていたのである。

その後、安政の大獄の中で岩瀬は左遷され、蟄居《ちっきょ》処分になり、そのまま四十四歳で亡くなった。彼が飛び抜けた能力を持っていたことは数々指摘されており、その死を惜しむ気持ちからか、直弼の処置に否定的な論評が多い。

しかし岩瀬は一橋慶喜支持を明らかにしていたし、井伊直弼が大老になる時には、その就任に対して老中に直接抗議までしている。

徳川慶福ではなく一橋慶喜が政権を握れば、間違いなく井伊直弼は粛清されたのだから、この点で見れば井伊直弼の岩瀬に対する処置を暴挙とは言えまい。

朝廷と幕府の意思疎通

その日、江戸城・桜田門外の雪の上には、真っ赤な血とともに何本もの指や耳が落ちていた。

条約調印から二年とたたない安政七年（一八六〇）三月三日。太陽暦に直せば、三月二十四日。今よりも平均気温の低かった江戸末期とはいえ、三月末の大雪は珍しかった。

井伊直弼一行は江戸城への登城途中に襲撃された。

雪上に落ちた指や耳は、いかにその接近戦が激しかったかを物語る。

井伊直弼自身は、まだ息のあるうちに首を切り落とされた。

井伊直弼の暗殺理由は、（1）天皇に許可を得ずに開国を決めたこと、（2）将軍家の跡継ぎを徳川家茂に決めたこと、（3）「安政の大獄」によって大量の政治粛清を行った反発、が大きな要因である。

暗殺されれば政策実現はできず、政治家として使命を果たせない、という意味だけで言えば、政治家が暗殺されることは、政治家としての失敗である。

国論が二分されるような時に信念を貫くには、どんな時代でも政治家は命をかけなければならない。だから、殺された政治家を愚かだとは思わない。いやむしろ、命がけで主張を曲げない姿勢は、崇高であるとさえ言える。が、殺されずに政策を実現していく方が遥かに良いことは言うまでもない。

井伊直弼は、桜田門外の変に限らず、暗殺を避けることができたであろうか。その答えは、暗殺された理由の中に見えてくる。

まず、（1）勅許を得ずに条約を結んだこと。

井伊直弼側にも言い分がある。

そもそも幕府は朝廷から「自分に代わって政治を行え」と権限を委ねられている（大政委任論）。幕府が政策決定した以上、朝廷が「否」と言っても政策を遂行できる、という理屈である。

不敬ではあるがしかし、井伊側の言い分は、「権威（天皇）と権力（幕府）」を分けて政治を行ってきた知恵でもある。

では朝廷が間違っていたのか？

天皇は自らの意思に反しても許諾を与えるべし、とすれば、それこそ天皇の有名無実化であり、国体の存在を危うくしかねない。

問題は、幕府と朝廷間における意思疎通の問題ではなかったか、と思われる。

それまで徳川幕府が、国政に関して朝廷に諮問することは事実上なかった（形式的なものを除いて）。いきなり国の基本法を変更する許可を求められても、天皇や公家たちは限られた情報の中で、正しい判断ができるであろうか。

水戸藩や長州藩から様々な攘夷論を吹き込まれて、元来開国反対の孝明天皇が、開国の許可を与えるわけがない。

幕府は、もっと事前の朝廷工作を行うべきであった。この時京都で幕府側として根回ししていた主要人物は、長野義言。井伊直弼の家臣である。直弼はもっと多くのチャンネルと、幕閣を総動員して朝廷に働きかけるべきであった。

幕末の「統帥権干犯」問題

天皇の許可を得ず条約を結んだことは許せない、ということで言うと、昭和五年（一九三〇）に起きた「統帥権干犯《とうすいけんかんぱん》問題」を想起する。

当時の民政党・浜口雄幸《おさち》内閣は、ロンドン海軍軍縮条約で海軍の補助艦艦艇の保有割合を、イギリス一〇、アメリカ一〇に対して日本はおよそ七に抑える条約を調印した。

ところが。

「艦艇の保有量、つまり兵力の量を決める権限は、天皇の大権である『統帥権』に属する。政府が勝手に決めるとは何事か」

と軍部を中心に反発が起きた。

浜口雄幸は統帥権干犯と経済政策の失敗が重なって命を狙われるが、この時声高に「統帥権干犯」を叫んだのは、一部軍人たちに加えて、野党であった政友会の鳩山一郎らであった。

鳩山にしても、井伊直弼を攻撃して倒幕を進めようとした者たちにしても、不純か純粋か動機はどうあれ、天皇を政治利用したことに変わりない。

浜口雄幸は雄弁ではなく、また不遇な官僚時代を過ごしてもなお他人の善意を信じる、人間としてはまことにできた人物であった。が、たとえば軍部に積極的に理解を求めたり、当時の政治家がやっていた、軍部に自分のシンパをつくるような工作をしなかった。これは政治家としての弱点であった。統帥権干犯問題についても、「正論ならば理解してもらえる」と思っていたふしがある。

井伊直弼もまた、朝廷は理解してくれる、と考えていた。しかし、そうはならなかった。

勅許を得ずに条約調印をしたことで、反・井伊直弼派は一気に攻勢に出る。

調印から三日後の安政五年六月二十二日。

「勅許を戴かずに条約を調印するとは何事か！」

と、徳川斉昭らが不時《ふじ》登城（許可を得ずに江戸城に登城）して直弼を詰問。これに対して、直弼は「御政道を乱した」ということで、徳川斉昭や松平春嶽らを蟄居や隠居・謹慎に処した（この時、徳川斉昭は実子である一橋慶喜を後継将軍にする件も持ち出している）。

これが「安政の大獄」の始まりであり、その後一〇〇人を超える大名や公家、諸藩の家臣、町人が捕まり、刑死や獄死は一〇人を超える。

次期トップ人事イコール自分の処遇

井伊直弼が暗殺された理由(2)の将軍継嗣問題は、すでに触れたように、権力争奪という側面が大きい。徳川慶福が次期将軍になれば保守派が、一橋慶喜が次期将軍になれば改革派が権力を得る。

いや権力争いではない、一橋慶喜は英邁な人物だから、彼が将軍になることが日本のためであった、だから彼は担がれた、という説が強力に存在する。

外交に限ってみれば、井伊直弼の方針は間違いとは思えない。一橋慶喜派が政権を取っても、アメリカとの交渉は変わらなかったであろう。

そこで、一橋慶喜が有能・英邁な人物であったかどうか、ということから離れて考えてみる。

誰が次のトップになるのか、というのは、現代の会社組織でも人事に大きな影響を与える。いわんや幕府においては、トップの交代イコール人事の大幅異動を意味する。

たとえば岩瀬忠震にしても、自分が一橋慶喜派であり、井伊直弼から嫌われていることは知っていたから、自然、自分の地位を守り、自分が思ったような政策を実現するには、井伊直弼以外のトップであってほしい。そして自分と同じ意見の持主が好ましいのである。

一橋慶喜を担いだ人々が、まったくこのことを考えていなかったとは思えない。自分たちの役職や地位がかかっている、つまり権力闘争の側面が大きいから、井伊派と反井伊派は激しくぶつかり合うのである。この点を重視しないと、安政の大獄の理由が判然としなくなる。

安政の大獄発動は、（1）条約勅許問題と、（2）将軍継嗣が重なって、政治粛清を行う必要性が出たために行われたのである。

舌を噛み切り頭を壁に打ちつけて自害

体制と反体制。

日本に限らないが、野党や革命家など、体制に抗した側に「判官贔屓《ほうがんびいき》」的に同情したり、体制に反抗すること自体が正義という、理屈を超越した無茶な論理が唱えられることがある。

余談だが、新選組はもともと体制の最前線で反体制派を弾圧し続けた。しかし、やがてその立場が逆転し、戊辰戦争勃発後は反体制に転じた。新選組が大いに評価されているのは、体制から反体制に立場の逆転があったことも一因であろう。

体制を批判し、常に権力を監視することはどんな時代でも大事であるが、他方、その人物が体制を率いていたことをもって「悪人」とするのはおかしい。

体制にいたがゆえに、決断しなければならないこともある。

井伊直弼が「安政の大獄」と呼ばれる政治粛清を断行したことも、正しいかどうかの判断は別にして、体制を維持するための決断の一つであったことは否定できない。

たしかに安政の大獄は、幕吏による弾圧がすさまじかった。

だからそれを主導した井伊直弼は、悪役になる運命を背負っていたのかもしれない。

近藤正慎《しょうしん》（清水寺寺侍）は、拷問の末、舌を噛み切り頭を壁に打ちつけて自害。

梅田雲浜《うんぴん》（儒学者・小浜藩士）は血が噴き出すほど叩き続けられて、傷がもとで獄死。

日下部《くさかべ》伊三治《いそうじ》（薩摩藩士）は笞《むち》打ちに石抱《いしだき》（三角形の木の上に正座し、一枚およそ四五キロの石の板を膝の上に何枚も載せる）をされた末に死亡。

女性にも容赦はなかった。津崎矩子《のりこ》（近衛家老女・村岡）は拷問を受けたが、屈することなく幕政の失策を口にし続けた。

そのほか、捕縛された志士たちの妻や娘も捕まっている。中には、父親の咎《とが》によって三歳で遠島になった茅根《ちのね》熊太郎（水戸藩士・茅根伊予之介の子）ら幼児もいた（十五歳まで執行は猶予）。

徳川斉昭らに蟄居を命じた安政五年（一八五八）七月から、桜田門外の変で井伊直弼が暗殺される安政七年（一八六〇）三月までの一年八ヶ月、政治的弾圧は続いたのである。

井伊直弼の知らないうちに決まってしまう

筆者は井伊直弼が、一部に言われるような「開国の恩人」とも思わないし、時代の先端を行く開明的な政治家だったとも考えていない。しかし、あの時期に幕府大老という地位を得て、開国（日米修好通商条約調印）以外の選択肢があったであろうか。

日米修好通商条約調印に至るまでの井伊直弼は、国家の現状をよく把握し、現実を直視して取り得る策の中から最適なものを選び、最大限の努力をした。

他方、安政の大獄に見る政治粛清は、たとえばそれが中国史の中にある皇帝たちの無差別・残虐な殺戮《さつりく》や、近現代史の中に出てくる独裁者たちの、一般国民を巻き込んだ大量虐殺とは一線を画すべきであろう。

だが、自分と意見の違う者、立場の違う者を排除し、あるいは生命を奪うことは、たとえ幕末という人権意識が今とまったく異なる時期においてさえ、それは狭量であり、また政治的な恐怖につながった。

なぜそこまで、井伊直弼の政治は強硬になっていったのか。

京都で反対派の動静を探り江戸に通報していたのは、井伊の家臣である長野義言。どうやら長野は、事態を誇張して直弼に伝えていたらしい。

井伊直弼研究の泰斗《たいと》である吉田常吉氏によれば、「（直弼は）次第に義言の情報に惑わされ」て、安政の大獄に至ったという。

直弼が長野義言を信頼していたことは事実だが、果たして、長野の言うことだけで粛清を行うほど直弼は単細胞であったろうか。

そこでヒントになるのが、次の事実である。

井伊直弼は一般に考えられているほど強大な権力を持っていなかった。安政の大獄も、幕閣の共通合意であったという指摘がある（母利美和『井伊直弼』ほか）。

なんと、安政の大獄まっただ中の安政六年（一八五九）六月頃、「何事も私の知らないうちに決まってしまう。これでは職責を果たせない（小子職分相立ち申さず）」

と、井伊直弼は大老辞職の意思を示したのである。

これは重大な意味を含んでいる。

安政の大獄で処分を決定したのは、老中の合議。井伊直弼の独断ではない。前記の「何事も私の知らないうちに決まってしまう」という井伊直弼の言葉が事実なら、井伊直弼の知らない間に厳罰が決定されていたことになる。

ペリー来航後につくった品川砲台

加えて、厳罰にするようないい加減な情報しか、老中は手にしていなかった、ということも言える。井伊直弼はもとより、老中たちの情報分析もその程度であったとすれば、お粗末としか言いようがない。

そんな人々が外国の情報をどう扱ったのか、ということを考えれば、開国外交は情報戦ですでに敗れていたと想像がつく。

ここまで阿部正弘、井伊直弼を中心に開国外交の経緯を見てきたが、大きなまとめとして、阿部正弘・井伊直弼、共通の失敗について述べたい。

開国外交・失敗の第一は、今述べた情報の欠如。

第二は、組織改革の欠如。

まず、情報の欠如について。

見てきたように、日米修好通商条約の交渉過程でアメリカ駐日総領事のハリスは、英仏艦隊の日本来襲をネタに日本を揺さぶり、これが条約調印の大きな動機にもなった。幕府に対するアメリカの脅しが効いたのである。

もし幕府の情報網がアジア地域だけでも存在していれば、そして情報を常に新しくしていれば、日米修好通商条約の交渉時点で、英仏艦隊が日本にやってくる可能性などゼロであることはわかったはずである。

阿部正弘もオランダからの、「来年、アメリカが日本に開国を求めにやってくる」という情報を活かしきれず、準備の整わないままペリーを迎えた。

品川に砲台をつくったのは、最初にペリーがやって来たあとである。「アメリカは本当に艦隊を率いて来た」と驚き、慌てて半年余で何とか形だけは整えた。そんな状況であった。

また、海外事情の収集が中途半端で、それを扱う蕃書調所は小さく、結果として交渉担当者・岩瀬忠震らの国際法上の知識が不足し、最恵国待遇や治外法権など、不平等条約を平気で結んでしまったことは触れた。

目をつぶって耳をふさいでいれば、災難はやってこないのではない。

災難が起きる過程が見えず、聞こえないだけである。事態が切迫してようやく目をあけ耳を傾けた時には、完全に相手の思うがままになっている。

鎖国を決めた徳川第三代将軍家光の時代はともかく、蒸気船も開発され武器弾薬も飛躍的に発達した世界で鎖国を徹底するならば、もっと国際的に、しかも直接情報を集め、分析する機関が不可欠であった。

イギリスが本来の国力以上に世界を席巻し、国力が落ちた現在ですら影響力を行使しているのは、伝統的に世界の情報を集め、分析し、活用しているからにほかならないのである。

激動期の組織改革の肝とは

開国外交・失敗の第二は、組織改革の欠如。

平時ならば、以前と同じ組織、同じシステムで政治は動かせばよい。しかし、同じシステムではうまくいかず、外国からの開国要求、もしかしたら軍事侵攻もあるかもしれない中で、国防力の整備も進まない。

多くの国で、危機的状況を乗り越えた例を見ると、国内で与野党の壁を超えて一時的に手を結び、共通の難題に立ち向かっている。

第二次大戦中のフランスで、国粋主義に近いシャルル・ド・ゴールと反体制派が手を結び、中国では反共の蔣介石と共産党が手を結んだ。

大同団結は、単にお互いを攻撃し合わないのではなく、協力することが目的である。そのための共通の司令部を置いたり、協議機関を設けたりする。つまり、意思決定機関を大きく変えるのである。

阿部正弘が、譜代大名に限っていた政策の意思決定機関を、外様の雄藩や親藩も参加する連合政権にしようと模索したことは、やはり阿部がただ者でなかった証拠である。しかも、反発する保守派まで巻き込むのだから、第一級の政治手腕の持ち主であった。

しかし時代が激変する中で、阿部の組織改革はスピードが遅かった。

阿部は、老中の意向が幕府の意向となり、全国の大名がすぐ反応するようにしたかった。そのために下部組織を大胆に改編し、後述のように新たな組織も立ち上げ、人材も登用した。が、最高意思決定機関である老中自身は、改編できなかったのである。

老中の合議制によって何事も決定する、しかも老中が必ずしも専門でない分野を扱うことも多々あった。外交案件はその最たるものである。

病に倒れた阿部正弘はもちろん、「自分が知らないうちに政策が決まる」と嘆いた井伊直弼にしても、優秀なテクノクラートから有効な情報を得て、それを素早く政策に反映させるシステムはつくれなかった。

彼らがやったのは、結局のところ人事異動による対応であって、組織そのものを改編するには至らなかったのである。

激動期の組織改編の肝は、最高意思決定機関の改革である。

政策立案者には想像力が必要

幕末に新設された組織を眺めると、必要に迫られた外交・軍事組織の充実は見て取れる。

安政元年（一八五四）、つまり日米和親条約が締結されてから、安政六年（一八五九）、日米修好通商条約調印の翌年までの五年間に、箱館奉行、講武所《こうぶしょ》、蕃書調所、軍艦操練所、外国奉行、軍艦奉行、神奈川奉行が置かれた。

井伊直弼が暗殺された安政七年（一八六〇）から第一次長州征伐の元治元年（一八六四）までの四年間では、講武所奉行、洋書調所、政事総裁、京都守護職、学問所奉行、陸軍奉行、歩兵奉行、騎兵奉行、開成所、軍事総裁職、などが新たに設置されている。

「旧来の伝統を破って、安政以来、諸政に軍制に改革を行なって、時局に急迫した幕府の要路の者の努力には目ざましいものがある」（笹間良彦『江戸幕府役職集成』）

しかし政策決定のシステム、幕府中枢のシステムを変えるような動きは、少なくとも阿部正弘・井伊直弼時代には見られない。阿部政権、井伊政権ともに、その組織改革は外交、軍事に偏った機関や役職の新設であることがわかる。

東日本大震災の折、首相官邸に二〇以上の「対策室」ができたが、機能しにくかった。対策室に属した政治家や官僚、専門家たちは、それこそ必死の思いでなんとか問題を解決しようとするのだが、「対策室」に来た話をどこにどう持っていけば解決できるのか、その道筋がはっきりしなかった。

官房長官のもとに、五つ程の分野別に経験豊かな政治家を各責任者として置き、最終決断は官房長官が行う体制を整えれば、あるいはスムーズに動いたかもしれない。なぜなら、官房長官は実質的に官僚を統率する立場にあったからである。

幕末で言えば、老中首座が各老中を明確な分野別の対策責任者とし、緊急の場合には老中での合議の必要がない、あるいは老中首座の決定に従うようにする。つまり、合議にしない。集団指導体制を打破しなければ、スピード感のある政策は打ち出せない。

老中も若年寄も複数制、町奉行まで南北二人の奉行がおり、ややもすれば決断が遅れ、責任の所在が不明になる。その隙をついて、保守派の譜代大名、改革派の親藩大名が、役職もないのに幕政に口を挟んだりするのである。

また家格による登用の制限を、もっと大胆に、もっと早い時期に改革すべきであった。

何より井伊直弼がやるべきことは、あるいは阿部正弘でも、堀田正睦でもよい、政策課題が表面化する前に幕府組織を、問題が解決できる組織に改革・改編しておくことではなかったか。

外国からの接触は、嘉永年間に始まったのではない。開国・通商要求があることも、幕府は事前に知っていた。にもかかわらず、旧態依然たる意思決定機関で、どう対応できるというのか。

指導者には、想像力が必要である。起こり得る事態を想定して、現在のままで対応できることと、組織を改革しなければ対応できないことを、勇気を持って類推しなければならない。

人材を活用するシステムがあれば幕府崩壊は防げた

テクノクラートは、既存の組織の中で最大限の力を発揮することが求められるのに対して、指導者の役割は、その組織の改革・運営なのである。

問題が起きてから組織をいじっても、それは所詮、小手先の改革にしかならない。なぜなら、問題や課題が突きつけられた時点では、組織をいじっている余裕などあるわけがないのである。黒船が来てから大砲をつくっても遅いのだ。

阿部正弘はその後の幕府首脳と比較すれば、劇的なほどの組織改革を行い、人材を登用し、難局に当たろうとした。人材登用で言えば、たとえば勘定奉行になった川路聖謨、目付の岩瀬忠震、同じく大久保忠寛《ただひろ》（大久保一翁）、永井尚志、勘定吟味役の江川英竜《ひでたつ》（太郎左衛門）らがいる。

川路は下級官吏出身で、普通であればとてもではないが奉行職になれる家柄ではない。岩瀬は昌平黌《しょうへいこう》出身の秀才。大久保は謹厳で剛直と評され、よく左遷されたが、それでも信念を貫くタイプの男だった。勝海舟を登用したことで知られる。永井は三河奥殿《おくとの》第八代藩主の側室の子で、やはり昌平黌出身の出来物である。江川は言わずと知れた西洋砲術の大家である。

漁民であった中浜（ジョン）万次郎を幕臣に取り立てたのも、阿部であった。

こうした人材を登用しながら、そしてそういう人材の宝庫がありながら、それを活用するシステムが幕府には欠如していた。彼らは阿部政権時代には重用されるが、井伊直弼政権では左遷され、手腕を発揮することはなかった。

井伊が彼らを嫌い、彼らも井伊を嫌ったことは事実だが、もし幕府機構の中で外国奉行や軍事関係部署がもっと大きな権限を持っていたら、そして好き嫌いや派閥ではなく、能力として人材を登用するシステムができていれば、幕府の崩壊は防げたし、無益な内戦も避けられたかもしれない。

好対照の政治家、田中角栄と福田赳夫

ここで、開国外交と戦後の日中関係外交を比較したい。というのも、開国外交を進めた阿部正弘と井伊直弼という政治家が、政治家としても個人としてもきわめて対照的だったのと同じく、戦後の日中関係を成立させた二人の政治家もまた、好対照の人物であったからである。

さらに言えば、開国外交にも、戦後の日中外交にも、日本の外交の特徴が色濃く見て取れる。

戦後の日中関係は昭和二十年代から様々な動きがあったが、昭和四十七年(一九七二)に出された「日中共同声明」によって、中華人民共和国と国交が樹立。その後、昭和五十三年(一九七八)に「日中平和友好条約」が結ばれ、今日に至る。

日中共同声明は、田中角栄。

日中平和友好条約は、福田赳夫《たけお》。

田中角栄と福田赳夫は、その政治哲学も政治手法も対照的だが、昭和後期を代表する政治家であった点で異論はなかろう。

まず田中角栄。人心掌握術や常人では思いもよらない発想力、それを実現する実行力を持っていたことは、彼への好悪を別にして、認めねばなるまい。

しかし人間は万能ではないし、完璧でもない。

田中はきわめて頭の回転が早く、物事を単純化して本質をつかみ取ることができる政治家だった。人がしゃべっている途中で「わかった、わかった！」と話をさえぎり、『「わかった」の角さん』と言われたのは、話の筋をすぐにつかみ取ることができたからである。

他の人間に比べて、素早く先が読める。

たとえて言うと、バラバラに散らばっている積み木を見て、瞬時にそれが組み上がった姿を想像でき、かつ、どうやって組み上げるのか、その手順も頭に浮かぶ。田中が「天才」「コンピュータ付きブルドーザー」と言われたのは、驚異的な記憶力と行動力だけではなく、そうした「構想力」も含んでいた。

だが、弱点もある。

日本列島改造論が失速した日

「日本列島改造」を例として、田中の政策推進に対する弱点を指摘したい。

日本列島改造論というのは、田中が中心となって彼のブレーンが作成した、国土開発計画の基本的な考え方だった。

人口過密の都市から、工場や会社を移転する。

移転する先は、過疎に悩む地方。

工場の集中がなくなれば、都市の環境が良くなる。

工場や会社が地方に移れば、都市の過密問題は解決し、移転した先の過疎も解決する。つまり、過疎と過密が一挙に解決し、「均衡ある国土発展」がもたらされる、というのである。

そのためにも、日本じゅうを高速道路や飛行機や新幹線で結び、交通の便を良くする。そういう公共事業の拡大によって、景気もさらに上向く。

一見、いいことずくめの政策に見えるのである。

しかし。

田中内閣は企業移転促進のために、都市部に残る企業には課税を重くし、地方に移転する企業には税制面の優遇を行おうとした。

ここで、反発が起こる。

田中内閣当時、すなわち昭和四十年代後半の日本は、現在の日本以上に大企業の系列に属する中小企業が多く、体力の弱い中小企業は親会社が移転したとしても、なかなかそれについていけない現実があった。

他方親会社にしてみても、今まで信頼関係を築き、ツーカーの関係であった中小企業を置いて、新たな土地で新たに操業することに不安とムダを感じていた。

結局、経営者や労働組合からの反対、財界からの強い要請もあって、都市部から移転しない企業に対する懲罰的な課税（「工場追い出し税」）は事実上見送られる。「日本列島改造」が、政策として失速していくのである。

また、土地の値段がどんどん上がっていった。地方に企業が移転し、しかも大型公共事業が伴う政策であったから、当然であろう。そこにオイルショックが重なり、手のつけられない勢いで物価が上昇していく。

田中自身が土地を転がして利潤を得ていたかどうかという話以前に、政策として「列島改造」は幻になっていくのである。

その後日本の国土開発計画は、「列島改造」を色濃く反映したものになるが、そこに田中が理想とした「過疎と過密の同時解決」といった大胆な思想はなく、有益・無益を含めて様々な理由をつけた公共事業だけが残り、膨大な赤字国債を積み上げていく。

「二点間を結ぶ最短距離は直線である」

田中の政治に対する嗅覚は鋭かったし、政治家の資質として重要な「勘のよさ」、また、普通の官僚では思いもよらないアイデアも抜群のものがあった。財政が厳しい中で道路建設が急務であった時代、自動車重量税など車に関する税を新設して、その金で道路建設を進めるという考え方は、斬新であった。

問題点を探り出し、具体的解決案を示す。理想的に見える田中の政策構想はしかし、二つの弱点を持っていた。

第一に、自分では「最適」と思うことが他にとって最適かどうかという検討を十分経ないで、実行される危険性である。

こんな話が残っている。

田中は若い頃、働きながら夜学に通っていたので、なるべく早く効率的に仕事を終わらせたい。そのためにリアカーに大量の荷物を積んで、踏破できそうもない坂道を上がっていって、ひっくり返ってしまう。

田中は、「二点間を結ぶ最短距離は直線である」という理屈で、到着地までの最短距離を行くのだが、そこには当然無理があったわけである。

列島改造に見る政策的な問題点は、そういう「最短距離」思想が生んだものでもある。過疎と過密を一気に解消する。ならば、人口過密した地域から過疎地に人を移動すればいい。過密地域の企業に重税を課し、過疎地の税を安くする。不便を感じるというなら、都市部と地方を大交通網で結べば、文句はあるまい……。

しかし、人や企業は生き物である。数字や理屈だけでは割り切れない。「人間学博士」（早坂茂三『オヤジとわたし。』）と言われた男が、そこまで推測できなかったのは不思議議である。

同じ目で日中国交樹立を見ると、やはり田中の勇み足が垣間見える。

田中は政権をとって三ヶ月たたないうちに中国へ出向く。いくら政権獲得前に事前のやりとりがあったとしても、国交を樹立する交渉として十分な時間があったか疑問が残る。

井伊直弼が大老就任から二ヶ月で日米修好通商条約を結ばねばならなかったのは、主としてアメリカ側の圧力が原因だから単純比較は危険だが、為政者自身の交渉準備期間が短いことは、良いことではない（前述の通り井伊直弼は、調印の延期を交渉させている）。

それが日中国交樹立では、最大の問題点と言われる「台湾（中華民国）切り捨て」（後述）につながるのである。

田中の政策構想、第二の弱点は、「数値化」「単純化」である。

「戸別訪問三万軒、辻説法五万回」

これをやれば当選できる、と田中は新人候補たちに伝授した。たしかに、豊富な選挙経験に基づく数字かもしれない。しかしそこに「政治とはかくあるべし」という理想は語られない。

また、田中は自分に出される陳情について、紙一枚にまとめるよう指示していた。

役所の政策も就職斡旋《あっせん》も、すべて一枚の中にはめ込まれたのである。

これは、一つの問題を一枚の紙にまとめてしまう「『パワーポイント』問題」と同じで、事の軽重が分量に反映されない。

そうなると、「日中国交樹立のために、必要なのはこれとこれ、不要なのはあれとそれ。不要なものは捨ててしまえばいい」という単純思考につながる。

もちろん当時の田中と関係閣僚たちが、本当にそんな単純思考で突っ走ったとは思わない。しかし、そういう面がなかったか、といえば、そうとも言えないのである。

台湾の蒋介石を選んだ理由

国と国との関係は、常に対話ができて信頼感を醸成するようでなくてはならない。だから、国交はある方が良いに決まっている。国交があれば、何か起きても、いきなり一〇に行くのではなく、一から二、三から四と、段階を踏むことができる。その間に話し合いで解決の糸口を探ることができる。

問題は、国交を結ぶにあたっての条件である。

日本と中華人民共和国（以下、必要に応じて「中共」と記す）との間には、田中角栄内閣が署名した「日中共同声明」と、福田赳夫内閣が結んだ「日中平和友好条約」の二つのステップがあることはすでに触れた。

ここで簡単に、日中共同声明までのいきさつをおさらいしたい。

戦後、中国大陸で政権を握っていたのは蔣介石率いる中国国民党政府であった。が、蔣介石の国民党と、毛沢東率いる中国共産党との間で内戦が起き、蔣介石の国民党は敗れて台湾まで退却した。

蔣介石も毛沢東も、ともに「自分たちこそが、中国の代表である」と言って譲らない。日本は、台湾に退避した蔣介石の国民党政権を中国の代表として「日華平和友好条約」を結び、中国との戦争状態を終わらせた。

読者の中には、「中国大陸は結局、中国共産党が支配したのだから、中国共産党政権を中国の代表として認めるべきではなかったか」と疑問を抱く方もいるかもしれない。

だが以下の理由によって、日本は台湾に退避した蔣介石・国民党政権と国交を正常化した。

第一に、第二次世界大戦において日本が戦った中国の政権は、蔣介石の国民党政権であった。平和条約は戦争の終結を意味するので、交戦国と結ばれるのが普通である。

第二に、敗戦時、蔣介石は「怨みに報いるに、徳をもってせよ（以徳報怨）」と言って、日本人の中国大陸からの帰国を推進し、たとえばソ連が行ったシベリア抑留などの暴挙を日本人にとらなかったことに対する恩義があった。

第三に、ソ連が強硬に主張した「日本分割案」に蒋介石が反対してくれたこと。

第四に、日本に軍隊を駐留させ影響力を行使しているアメリカの意向（アメリカは蒋介石の国民党政権を中国の代表として認めていた）。

などの理由である。

もちろん、蒋介石のような政治的軍人が、純粋な動機、あるいは親日的な意味で日本を遇するわけがない。そこには、あの権謀術数《けんぼうじゅっすう》渦巻く中国近代史の中で頂点に立った男の、冷徹な計算があったことは想像に難くない。

しかし、少なくとも戦後すぐの時期における日本で、蒋介石の姿勢はありがたいものに映ったし、実際ありがたいものでもあった。

アメリカの意向も無視できるわけがない。

そういう経緯もあって、日本は台湾の蒋介石・国民党政権を中国の正統な政権と認めたのである。

たちの悪い高校生の恋愛

その台湾を、日本は捨てた。

中国共産党政権を「唯一の中国における政権」として認めなければ、国交樹立はない、という中共政府からの要求を、田中角栄は呑んだのである。

むろんそこに至るまで、外相の大平正芳《まさよし》らの苦悩はあった。だが最終的には、「必要なのは、とにかく中共との国交の樹立。邪魔なら、台湾は切り捨てる」という結論に至っている。

アメリカは、台湾との間で国交断絶後も「台湾関係法」を成立させて、事実上の軍事同盟を維持している。

中共は台湾の民主的な選挙を妨害するため、台湾に向け「演習」と称してミサイルを打ち恫喝《どうかつ》を行った（一九九六年）。李登輝が総統に当選することを阻止するためである。この際も、アメリカは第七艦隊を台湾近海に展開して、中共のそれ以上の暴発を牽制した。

アメリカと日本は立場が違うが、しかし、昨日まで友人としてつき合ってきて、しかも相手には問題がないのにこちらから一方的に関係を斬り捨てることなど、たちの悪い高校生の恋愛ではないのだから、慎重かつ念入りに根回しすべきである。

戦後、中共政権と国交を結んだ国は台湾の国民党政権と断交しているわけだが、しかし、戦前から戦後にかけての国民党政権との関係を考えれば、日本は、「こっちの友人が良いから、あんたはいらない」などと言えるわけがないのである。

中共は政府として認める。

しかし、台湾も見捨てない。

そういう姿勢を当時の田中内閣は持っていなかった。そして、台湾（中華民国）を見捨てる、という条件のもとで、日中共同声明は調印されたのである。

「世界地図の掛軸を探してきてくれ」

日中共同声明は条約ではないため（国会の承認を必要としないものだった）、正式な平和条約の締結は、いずれしなければならなかった。

これを行ったのが、福田赳夫である。

福田には、こんなエピソードがある。頃は一九七〇年代半ば。福田がまだ総理になる前のこと。

福田のところに、新しく番記者になった若者が挨拶をしに行った。その若い男性記者は、当時の流行で肩までかかる長髪だった。

「これから担当させて戴きます」

長髪の男性記者を一瞥《いちべつ》して、福田が口を開いた。

「ウーム、由井正雪《ゆいしょうせつ》のようだなァ。謀反《むほん》の匂いがするぞ」

由井《ゆ》正雪は徳川第三代将軍家光の時代に、幕府に対して謀反を計画した浪人。まげを結わずに、髪を女性のように伸ばして（総髪）いた。

記者は翌日、バッサリ髪を切って福田の前に現れた。

「お、いい子だ！」

と、今度は孫を見る好々爺のように微笑みかけた。

長髪の若者に「由井正雪のようだ」と言うあたり、さすが「明治三十八歳」の面目躍如である。

そう、福田は日露戦争が終わった明治三十八年（一九〇五）生まれで、一九七〇年代にはすでに老政治家の一人であった。

経歴もすごい。福田は大蔵官僚だが、入省三ヶ月後に仕えたのが、昭和初期に金解禁を断行した蔵相・井上準之助。城山三郎の『男子の本懐』で描かれた、浜口雄幸の盟友である。

その後ロンドン勤務などを経て主計官になった福田は、高橋是清《これきよ》に仕える。

陸軍の要求を抑えたい高橋是清蔵相が、川島義之陸相と大議論を展開した「三十六時間閣議」（昭和十年・一九三五）が行われた時。

福田は閣議室の隣室に陣取り、高橋蔵相を補佐した。

福田が閣議に必要な事項をまとめたメモを高橋に渡すと、高橋が、

「きょうはメモを持たない。もっと大きな話をする。福田君、官邸のどこかにあるだろうから、世界地図の掛軸を探してきてくれ」

福田の持ってきた世界地図を手に、高橋は閣議室に入った（福田赳夫『回顧九十年』）。

高橋是清は当時八十歳。陸軍の要求を抑えたこの閣議は、翌年の二・二六事件で高橋が狙われる要因の一つになった。

福田は戦後、大蔵省を辞めて無所属で衆議院議員に当選し、自民党に入ってからは池田勇人《はやと》と真正面から政策論争をするなど、財政家として活躍をした。

福田赳夫内閣は不思議な内閣

福田の政治スタイルは、外柔内剛そのものだった。

福田は超エリート官僚出身でありながら、町のおかみさんたちの中に入っていって、すぐに一緒にワイワイやれるような開けっぴろげな性格で、会った人間の心を掴む大衆政治家としての一面を持っていた。

地元での人気は抜群で、中選挙区時代、同じ選挙区の中曽根康弘や小渕恵三《けいぞう》を相手に、ほとんどの選挙でトップ当選を続けた。地元で人気がある、というのは、人間的に好かれていないと不可能である。

そこには、「福田さんはエリート官僚出身でとっつきにくい人だと思っていたら、すごい気さくないい人だ」という、イメージからくる落差も幸いしていた。

戦後もしばらくの間、官僚出身の政治家は本当にとっつきにくくて、福田の気さくさ、陽気さは演技ではない彼の本質であったろう。

また、単に「いい人」ではなく、

「なりは小さいが、将器、といっても過言ではないだけの、人間としての器の大きさを持つ」（俵孝太郎『政治家の風景』）という評価もある。

福田赳夫内閣は不思議な内閣で、その成立時（一九七六年）には低い支持率（二八％）だったが、だんだん尻上がりに支持率を伸ばしていった。が、最高でも三〇％前後と、支持率の高い内閣とは言えない。

しかし中身を見ると、日ソ漁業交渉や、使用済み核燃料に関する日米交渉、そして日中平和友好条約調印、日本のアジア外交の基本理念になる「福田ドクトリン」の提唱など外交面で実績を上げ、内政では得意の経済政策で安定した手腕を見せた。

党幹事長に政敵であった大平正芳を配し、派閥として比較的人材が少ないと言われながら、福田は緻密な計算とおおらかな人柄で政府与党をまとめていた。

福田の事績を少し丁寧にたどったのは、彼が実績のわりに評価の低い政治家だからである。

マスコミを通じて国民にアピールする力は、田中角栄や三木武夫、中曽根康弘に及ばず、権力闘争では田中派をバックに戦った大平正芳に敗れた。

一言で表すなら、権力の拡大よりも政策課題の解決に使命感を抱く、戦前型の宰相であった。

田中角栄の日中国交樹立は本人の派手さもあって、肯定的な評価が圧倒的に多く、福田の「日中平和友好条約」はその陰に隠れている印象が強いが、実体を見てみたい。

鄧小平のあざとい発言の真意は？

福田政治には、田中政治に見られるような、良くも悪くも見切り発車的な軽快さはない。

阿部正弘が積み木を積み上げていくような慎重さで政策を進めたことと、印象がきわめて近い。前に触れたが、阿部は幕閣としては珍しく、今で言う「財務諸表」を読むことができた。阿部政権時代の経済政策に決定的な間違いがないのは、阿部の個人的な性格と能力に負うところは大きかろう。

福田赳夫も経済政策においては、辣腕《らつわん》を発揮した。自らの政権時はもちろんだが、最大の政敵である田中角栄から、物価高騰による経済の落ち込みをなんとかしてほしいということで、乞《こ》われて田中内閣の蔵相になった。

福田は数年をかけてインフレの克服を実現する。

そして、総理となった福田は、大きな外交案件として日中平和友好条約に取り組む。

その交渉経緯は、当時の交渉担当者たちの証言を集めたもの（石井明ほか『記録と考証　日中国交正常化・日中平和友好条約締結交渉』など）に詳しいので、ここでは交渉の中で問題となった事項について、それに福田がどう対応したのか、見てみたい。

日中両国は、「覇権条項」を巡って紛糾《ふんきゅう》した。

中国は、ソ連を念頭に「覇権を許さない」という条項を条約の中に入れ、日本を中国側に引き寄せて、対ソ圧力に利用しようとした。

いくら日中平和友好条約が大事で、これを結べば内閣支持率が上がることがわかっていても、福田は急がせなかった。覇権条項の文言によってソ連とムダな軋轢《あつれき》を生みたくなかったし、何より、日中両国の「平和条約」を他国に対する圧力に利用されることは、日本国にとって不利益だったからである。

結局、第二条に「反覇権」の文言が入れられはしたが、第四条に、「他国との関係には影響を及ぼさない」、という趣旨の文言が入れられて、事なきを得た。

また尖閣諸島については、次のような事実がある。

日中平和友好条約の批准《ひじゅん》書交換のため昭和五十三年（一九七八）十月、来日した鄧小平《とうしょうへい》は、日本記者クラブで尖閣諸島について、記者の質問にこう答えた（要旨）。

「国交正常化のさい（田中内閣時）、双方はこれ（尖閣諸島領有）にふれないことで一致した。今回、平和友好条約交渉のさい（福田内閣時）も同じくこの問題にふれないことで一致した。こういう問題は一時棚上げしても構わない。十年棚上げしても構わない」

尖閣諸島に領有問題なし

ところが。

鄧小平の記者クラブでの発言は、当日午前中に行われた福田・鄧会談の内容とは違うものだった。

鄧小平は福田に対して、概略、次のように触れた。

「両国間には様々な問題がある。尖閣諸島もその一つだ。だが、これは今回のような会談で持ち出さなくてよい問題だ。次の世代はわれわれよりもっと知恵があり、この問題を解決してくれるだろう。この問題（尖閣諸島領有）は大局から見ることが必要だ」

これが有名な「棚上げ論」である。

さて、読者は気がつかれたであろうか。

「これ（尖閣について）は今回のような会談で持ち出さなくてよい問題だ」

と、持ち出さなくてよい問題を、鄧小平は自分から持ち出しているのである。

つまり、鄧小平、中国にとっては、尖閣について「持ち出しておかなければならない問題」だった。

ここで福田が、「そうですね、次世代にまかせましょう」と言えば、アウト。尖閣に領土問題が存在することを、認めたことになる。

しかし、福田は老練だった。

「鄧小平副総理閣下と、世界の問題、日中両国の問題について率直に意見交換し合えて、非常に嬉しい。感謝する」

と、尖閣には触れずに感想を述べた。

つまり、尖閣棚上げを鄧小平は「福田との間で『一致』した事実はない。日本は領土問題の存在を認めていないのだから、当然」（服部龍二『外交』Vol.15「尖閣諸島領有権の原点と経緯」）ということになる。

福田の慎重さが、読み取れる。

田中内閣時の日中共同声明では、日本側が政治的譲歩を重ねた印象が強い。交渉を担当した外務省当局、特に正論を吐いて中国側から名指しで非難された高島益郎条約局長や、田中をはじめとする訪中団の政治家たちが、国を売るような行為を行ったとは思えないし、全力で交渉を行っていたことは、数々の証言や記録に明らかである。

しかし、台湾（中華民国）に対する配慮のなさは、福田と異なる田中の最短距離直線的な強引さを感じる。国際信義の観点からも、許されるべきものではない。

様々な難問をかいくぐって日中共同声明は完成したが、そこには難問を正面からではなく「すり抜ける」ための工夫がされていたように思える。

田中総理のもとで外相だった大平正芳自身が、共同声明を作成するにあたって、「ヤーヌス（ローマ神話の門口の神。体は一つであるが顔は二つあった）的な表現を工夫」（大平正芳『私の履歴書』）したと、はっきり書いている。

他方、福田による日中平和友好条約の覇権条項問題について、あるいは尖閣領有について中国側の思惑に乗らなかったことは、「日本が原則の問題を真正面から論じたことによる」（高坂正堯《こうさかまさたか》『外交感覚』）と、評価する声がある。

二つの外交交渉は、田中角栄と福田赳夫という二人の政治家の個性を、見事なまでに示していると思えてならない。

根拠なき「希望的観測」

ここまで、開国外交と戦後の日中外交を見てきた。

いずれも当時政権を担当した当事者は、出し切れるだけの力を出して条約を調印している。しかしそこには、後世に禍根《かこん》を残したり、国際信義を裏切ったり、国内を混乱させるなど、反省すべき点が多々ある。

彼らの失敗を振り返りつつ、外交における指導者のあり方を、最後に考えてみたい。

中村菊男教授（慶応大学）は、日中国交樹立に関連して、日本外交の特徴を以下のように分析をしている（桑原寿二《としじ》・中村菊男ほか『中国の現実と日本の国益』）。

第一に、希望的観測を優先させる。

これは、相手の立場や狙いを考えないで、独りよがりになりやすい、ということ。

いくら情報が入っても、アメリカが開国を求めてやってくると言われても、「まさかそんな。事実だとしても、まだまだ先のことだろう」として準備を怠る。

日中国交樹立の頃は、「中国は平和愛好国だ」とか、「日本とは同文同種」といった話題がマスコミを通じて多く流布し、友好ムードをあおり立てた。が、チベットへの侵略やソ連との紛争、インドやベトナムなど近隣諸国との関係を見ても、中国を平和愛好国というのは幻想である。最近の海洋進出を見ても明らかである。

「（中国は）日本とは同文同種」という記述も、中国側の史料には一切出てこない（利光三津夫『伝統的な日中関係』）。

そういう、自分に都合のよい幻想、仲良くなろうとする相手を美化したり、交渉したくない相手の存在は気づかぬふりをしたり、つまりは現実を直視しない癖が日本にはある。戦前、ドイツと急接近した頃も同じくドイツを美化することが流行ったが、政権担当者がこれを利用したり、尻馬に乗るのは大変危険である。

また、中国に対する希望的観測で言えば、「中国と仲良くなれば中国の市場を活用して大もうけができる」という、経済的理由もあった。

たしかにその後、日本は中国との交易を盛んにし、巨大な市場で利潤を上げてきたことは事実である。その一方で、外交問題が起きると中国は突然経済封鎖のような真似を平気でする。

尖閣沖で中国漁船が海上保安庁の巡視艇に体当たりし、船長を逮捕した時には、「産業の米」とも言うべきレアアースの日本への輸出が見合わされた。また、中国駐在の企業人が無実の罪を着せられ、不当逮捕・勾留されたことがあった。

国交樹立時の問題と、その後の問題は分けて考えるべきであるし、国交があったからこそ、最悪の衝突には至らなかったとも言える。

しかし、国交樹立交渉の中で尖閣諸島を事実上放置し、それが国交樹立後、大きな事件（巡視艇への体当たりとその後の反応）に発展したのはなぜか。国交樹立当時の為政者たちに（いずれ、うまくいく）という根拠なき「希望的観測」がなかったとは言えまい。

読者が最後の一人となるまで主張を曲げるなかれ

日本の外交感覚の第二の特徴は、論理的であるよりは直感的であるということ。いろいろな角度から照明を当てて、試行錯誤を繰り返しながら結論に至るのではなく、直感的に結論が出てしまう。これも第一の「希望的観測」と似ていて、「こうだ」と思うと、まっしぐらにその方向に向かう。

特徴の第三は、国民感情の影響を受ける点。

黒船来航当初は、政権内部でも開国に否定的意見が圧倒的であった。が、井伊直弼政権時代にはどんどん開国容認に変わっていき、幕府に対する反感が強くなると今度はまた開国反対が増えていく。ところが幕府が倒れると、昨日まで攘夷を唱えていた連中が平気な顔をして鹿鳴館《ろくめいかん》で踊る。そういう意味では、井伊直弼は世論に動かされなかった政治家でもあった。

ところが、日中国交樹立を果たす田中角栄は政権奪取時、「今度は日中だ」と、世論の方向を見事に嗅《か》ぎ取った。そういう意味では、田中の日中国交樹立は、野党的外交ではなかったか。

現に、日中交渉には当時の公明党や社会党も絡んで、しかも与党に常に批判的だったマスコミが、熱狂的に田中の日中国交樹立を支持した。保守政権の外交を反体制系のマスコミが支持するなど、ほとんど見ることのできない状況であった。これは田中の行動が、野党の主張する外交に近いために起きた現象である。

田中の前の佐藤栄作政権は、戦後最も長い期間政権の座にあり（七年八ヶ月）、国民から飽きられていた。佐藤の中国に対する外交方針は中華民国（台湾）との関係を尊重するものであったから、脱・佐藤を求める国民世論としても、中華人民共和国と国交樹立を果たすことが、新時代を象徴するかのように感じられた。そしてマスコミはこれを熱狂的に支持したのである。

外交は国民感情を十分に加味しながらも、国民感情に流されてはならないことを、これらの歴史的な事実は語っている。

国民感情は時に冷静な判断をせず突っ走る傾向があり、マスコミはこれを先導する。戦前、国連を脱退した松岡洋右《ようすけ》もまた、「新時代」を予感させてマスコミ受けしたし、古くは、陸奥宗光《むつむねみつ》が不平等条約を改正する際、強硬な国内世論に往生したことが知られている。

日露戦争の講和条約問題が起きた時も、世論は沸騰した。

日本はロシアに戦争で勝ったのに、なんで賠償金がとれないのか、ということで暴動が起きたのである。マスコミは、戦争を継続する余力がない日本の現状を冷静に伝えるよりは、憎悪をあおり、政府への批判を強めた。

そんな中で大阪新報は、講和条約を締結した政府を支持する論調を載せた。これに反発が起き、購買数がどんどん減っていった。

困り果てた主筆が、社長に判断を仰いだ。社長は、こう返答した。

「主筆が主張する議論に余も同感なり。新聞は正義公論の機関にして、営利を目的とするにあらず。ゆえにもし、正義を主張するに対し、読者が反対して新聞を読まずとも可なり。読者が最後の一人となるまで主張を曲げるなかれ」

この時の社長は、原敬。原は政治家となって後、権力を嫌わず権力を利用して頂点に上り詰めた。しかし、新聞社時代のこの姿勢には、権力におもねるのではなく、冷静に政治を判断しようという原の信念を感じる。

マスコミは野党的精神で権力を批判する役割を負っているが、それは原の言う「正義公論」でなければならず、権力批判のためならば、ウソや大げさな一方的報道をしてもよい、ということにはならない。

国民感情がマスコミによって左右される度合いは、幕末はもとより、昭和よりもさらに平成の今日《こんにち》の方が、はるかに大きい。

大平正芳と阿部正弘の限界

開国外交は、知れば知る程、当時の為政者の苦労がわかる。

最後に、指導者としての限界、言い換えれば指導者として足りなかった最大の要素を指摘しておきたい。

日中国交樹立に尽力した、大平正芳。彼が「大臣になる人への提言」という文章を、書き残している。

「（大臣になる人は）改革意図などは、お持ちにならない方が無難である。その改革意図をふり回すなどということは、なおさら危険である［略］お国のために無益であればまだしも、有害である場合が少なくない」

大臣になっても、へたに改革などするな、と言うのである。ではどうすべきか、という問いに、

「一利を興《おこ》すは一害を除くに如《し》かず」

と言う。

「除くべき一害は大臣室の机の上に無数にころがっている。身辺に無数にころがっている害毒や非効率を見抜くほどの眼識が、その人に備わっていないというのであれば、そもそもその人が大臣になったのが間違い」

「国民は百利を興すことに汲々《きゅうきゅう》たる大臣よりは、一害を除くことに心胆をくだいてくれる大臣を求めている」（大平正芳『私の履歴書』）

大平が外相時代も、またのちに総理となってからも、単に「机の上にころがっている」問題だけを片付けていたとは思えない。しかしここには、大平が大上段に構える改革や国家革新などに否定的で、コツコツと問題解決に近づいていこうとする政治姿勢が明らかに示されている。

阿部正弘もまた、コツコツと積み上げながら根回しをし、案件を解決していくタイプの政治家であった。それが結局のところ、幕府機構の大きな改革につながらず、そして阿部が意図したソフトランディングではなく、日本は内戦というハードランディングを経なければ国内を安定させることができなかったことにつながるのである。

まじめで有能な大平正芳と阿部正弘の、これが限界であった。

死の床で蘭方を用いなかった阿部正弘

筆者は、政治家として阿部正弘や大平正芳、あるいは福田赳夫のような、信念強固ながら慎重に前に進むタイプの政治家が嫌いではない。田中角栄や井伊直弼のような個性的な政治家にも魅力を感じる。

しかし、政治家、あるいは「指導者」と置き換えてもいい。そういう立場の人間が仕事をする上で大切なのは、「今」を動かすことと同時に、十年先もこの体制でよいのかを考えることである。

単に人事をいじるだけで、対症療法的に問題を片付ければよいのか。人材を登用するだけで、末端の組織を変えるだけでよいのか。意思決定機関を含む体制全体を変える改革は不要なのか、考えるべきである。

イギリスが阿片戦争で清国（中国）を完膚《かんぷ》なきまでに負かしたという情報は、その詳細を含めて幕府に届いていた。保守派と目されている井伊直弼でさえ開国論を唱えたのは、その情報から日本の現状を慮《おもんぱか》ったからにほかならない。阿部正弘も当然、これを理解して改革に乗り出すが、それは「机の上の害毒」を除くこと

（攘夷派や保守派の抱き込み）から始めねばならず、大きな改革に至らなかった。

責任ある指導者は、問題の解決方法として基本的に、与える影響の少ないソフトランディングを目指すべきである。それには、早くから問題に気づき、準備をし、構想しなければならない。

政治家が陳情をさばくように、次から次に問題を処理することは大事だが、指導者は同時に、問題の先読みをして危機に備えなければならないのである。

そして問題の大きさを計り、現在の組織で対応できるのか、意思決定の方法を変えるべきなのか、考え抜かねばならない。

安政四年（一八五七）、阿部正弘が重体になって死の床についた際、松平慶永《よしなが》（春嶽）が蘭方（西洋医学）の薬を使うよう、強く勧めた。

阿部は、蘭方の効用を十分に知っていた。しかし当時、蘭方を用いることが江戸城内では禁じられていたのである。それを自分が使ったら、城内に弊害が起きるであろう、と言って用いなかった。

江戸城内で蘭方を禁じたのは、阿部自身であった。嘉永二年（一八四九）、複雑な政治状況の中で判断したもので、幕府内の改革が進んでいれば、取り消される種類のものであった。

阿部は、自身の改革の遅れの責を取ったとも言える。

第2章
生き残った山内容堂、殺された坂本龍馬

「兵隊やくざ」と「ノブレス・オブリージュ（高貴なる責任）」

『兵隊やくざ』、という映画をご存知だろうか。

勝新太郎扮《ふん》する「大宮二等兵」は、元やくざの用心棒。

田村高廣《たかひろ》扮する「有田上等兵」は、名家の御曹司で大学出のインテリ（原作者の有馬頼義《よりちか》がモデルとされる）。

勝新太郎の大宮二等兵は、筋が通らなければ平気で将校も殴り飛ばすような荒くれ者だが、田村高廣の有田上等兵には頭が上がらず、映画の中では大宮二等兵が、「上等兵どの！」と言って田村を慕う場面が繰り返し描かれる。

いったい、有田上等兵のどこが、大宮二等兵の琴線に触れたのか。

有田は冷静沈着で、頭が良い。品が良くて、真面目である。

だがこれは、一般的に出来の良い良家の御曹司に見られるもので、やくざの用心棒をしていた大宮二等兵が惚れ込む要素ではない。

大宮二等兵が有田上等兵に惚れたのは、二人が同じ価値観を共有していたからである。

それは、「筋を通す」ということ。将校が間違っていれば、大宮二等兵は暴力で応え、有田上等兵は理論で将校や上官に対抗する。

方法が違うだけで、二人には共通の「大切なもの」があったのである。

思いやりが深く、自己犠牲をいとわない点もまた同じであった。ただ、大宮二等兵が性欲・食欲といった欲望に弱いのに対し、有田上等兵は、それも超越した人物として描かれている。

つまり有田上等兵は、人の上に立つ者が備えるべきノブレス・オブリージュ（高貴なる責任）を体現しているのである。

シリーズ四作目の『兵隊やくざ　脱獄』で、二人は奉天《ほうてん》の陸軍刑務所に送られる。地獄のような日々。そこで出会った法務官が有田の同窓生であった。法務官は有田に対し、「お前だけは何とか助けるよ」と申し出た。すると有田は、

「いや、大宮が残るならおれも残る。（大宮に向かって）お前とは、生きるも死ぬも一緒なんだ」

と、法務官の好意を蹴る。自分が大宮の上官であり、部下と運命を共にする決意を披瀝《ひれき》し、それを聞いた大宮は感動する。

遠山の金さんが見つけた土佐藩江戸火消し

山内容堂《ようどう》という人物を理解するのに、どんな喩《たと》えがわかりやすいのかと考えてみたが、「インテリとやくざ」の関係に類似点があったため、冒頭、昔の映画の話をさせてもらった。

この有田上等兵と大宮二等兵のような関係を、山内容堂は江戸の侠客との間で体現していた。

「侠客」や「博徒」と関係のあった歴史上の人物は意外と多い。幕末に限ってみても、清水次郎長と幕臣・山岡鉄太郎（鉄舟）、新門《しんもん》辰五郎と勝海舟のつながりは有名である。また大場久三は品川沖に台場をつくる際、江川太郎左衛門を手伝って数千人からの人夫を指揮した侠客で、清水次郎長も頭が上がらなかったほどの大親分だった。

日柳燕石《くさなぎえんせき》は学者としての名の方が通っているが、かなりの数の子分を持った博徒でもあり、慶応元年（一八六五）には、逃亡してきた高杉晋作をかくまったことで知られる。また、坂本龍馬も日柳燕石を頼って讃岐《さぬき》に行っている。

ここに、幕末の江戸で一三〇〇人の子分を率いていた、相模屋政五郎という侠客がいる。

相模屋政五郎は、土佐第十三代藩主・山内豊熈《とよてる》に見出されて土佐藩・江戸屋敷の火消頭になった。

それまでの土佐藩の火消しがからきし元気のない連中で、山内豊熈はあらたに、江戸留守居役に火消しのめぼしい候補を探させたが、なかなかいない。そこで留守居役は、当時の北町奉行・遠山景元《かげもと》に相談し、遠山から相模屋政五郎を推薦されたのである。

さすがは「いれずみ奉行」の金さんである。江戸市中の事情に通じている遠山奉行ならではの人選であった。

火消頭に相模屋政五郎を選んだ山内豊熈は、残念ながら三十四歳の若さで亡くなり、弟の豊惇《とよあつ》が家督を継いだ。が、豊惇はなんと第十四代藩主就任のわずか十二日後に急死。

跡取りはいないから、急遽、第十二代藩主・豊資《とよすけ》の弟の子、つまり分家の子である豊信《とよしげ》が、第十五代藩主になった。のちの容堂である。

児玉誉士夫と鳩山一郎

容堂と相模屋政五郎は、ウマが合った。安政二年（一八五五）、土佐藩邸が火事になった際、相模屋政五郎は身を挺《てい》して火薬庫に火が回るのを防ぎ、容堂はその勇気に感服している。

明治になってからだが、相模屋政五郎は容堂から苗字帯刀を許され、十人扶持の待遇を受ける。さらに、その苗字も容堂から「山中」と与えられた。

これは「やまなか」と読むのではない。

「お前の忠義をめでて山内姓を与えたいのだが、家老どもがうるさい。だから字は『山中』だが、『やまなか』と読んではならぬ。必ず『やまのうち』と読ませよ」

こう、容堂自ら言われ、政五郎はその場で号泣した。

のちに容堂が死去した際には、通夜の席で脇差しを抜いて殉死しようとした。

もちろん、止められた。

「ご隠居（容堂）の恩を蒙《こうむ》ったのはお前一人ではない。もしみんなが追い腹を切ったらどうなるんだ。あとのことなどどうなってもいいというなら、俺がここで見ていてやる。貴様見事に腹を切れ」

と言ったのは、土佐藩士だった板垣退助であった。

容堂と政五郎の強いつながりを感じさせるエピソードである。

いま少し、奇妙な人間の関係について述べさせてもらいたい。

戦前からのフィクサーとして名高い児玉誉士夫《よしお》は、戦後、鳩山一郎と接点を持った。

かたや、国家主義者で海軍の出先機関まで任されていた男。

かたや、音羽《おとわ》の豪邸に住む、自由主義者のお坊ちゃん政党政治家。

本来ならまったく共通点のない二人はやがて、肝胆相照《かんたんあいて》らす仲になっていく。

「鳩山さんの政治に対する豊かな感覚、さらに純粋にちかい青年的な情熱」に惚れ込んだ児玉は、鳩山の支援者の一人になる（児玉誉士夫『悪政・銃声・乱世』）。

児玉が人間的に鳩山に好意を持ったことは事実で、公職追放を受けて落魄《らくはく》していた鳩山を応援するのは、打算だけで考えればあまり利益があるとは言えない（その後、鳩山が総理になり、鳩山に連なる政治家たちとの交際を通じ、児玉は力を得ていく）。

政治家の後援者は、必ずしも見返りを求めるわけではない。連続当選を重ねる政治家には、見返りなしの支援者が必ずいる。支援する人物に何かを託すのである。

江戸期の侠客には、時に損得抜きで「弱きを助ける」義侠心が見られた。清水次郎長が旧幕府軍の死体を、官軍の命に逆らってまで葬ったのはその一例である。あるいは日柳燕石が勤皇の志士を、命がけで守るようなことも含まれよう。

つまり彼らは、独善的かもしれないが、彼らなりの正義を実現するために命を張った。そして、「この人のためならば」という義侠心を強く抱いていた。

自分の利害を超えて行動できる人間が慕う相手は、同じく自分の利害を超えられる人物でなければならない。同時に、児玉誉士夫が鳩山一郎に感じた「青年的な情熱」を持っていなければならない。

「兵隊やくざ」の有田上等兵に見る「筋を通す」こと、そして鳩山に見る「純粋にちかい青年的な情熱」。

山内容堂は、良い意味でも悪い意味でも、これを併せ持った人物であった。

山内容堂の本質は

容堂への期待は、幕末の名君の中でも突出していた。

まず、佐幕家としての期待。

容堂は山内家が徳川からの恩によって土佐一国を得たと考え、徳川を最後まで守る立場を持ち続けた。藩祖・山内一豊《かずとよ》が関ヶ原合戦で、いち早く徳川に味方することを表明し、その恩賞として土佐を与えられたことを多としていたのである。また、前藩主が急死したために難航した容堂の藩主就任を、幕府の温情的措置で実現できたことも恩に感じていた。それゆえに、容堂は自分の立場が不利になっても、強力に幕府を支援し続け、佐幕派の松平春嶽《しゅんがく》らの期待を集めていた。

次に、勤皇家としての期待。

容堂の妻・正姫は、内大臣にまでなった三條実万《さねつむ》の養女。しかも山内家は代々、皇室に対して強い尊崇の念を持ち、容堂自身、朝廷に一万両寄付することを考えていた（幕府以外に例がなかったのでとりやめにはなったが）。藤田東湖《とうこ》をはじめ、他藩の勤皇系の人物をよく招き、身分が低くても酒杯を交わしていた。だから、藩内外の勤皇派から大きな期待を寄せられたのである。ここまでの気安さは、勤皇派の徳川斉昭《なりあき》や島津斉彬《なりあきら》にはない。

そして、英雄としての容堂。

容堂は、相模屋政五郎との関係でも明らかなように、「乱世の大親分」のような気概を持っており、しかもそれを態度で示していた。悪く言えば豪傑ぶる。しかしよく言えば、それが容堂の本質でもあった。豪傑だったからこそ、メッキがはがれず最後まで「剛毅《ごうき》な殿様」で通せた。一般からの期待感もまた、こうした容堂のパーソナリティーに負うところが大きい。

「その磊落《らいらく》、剛果、中々列藩侯中第一にこれ有る可《べ》く」

とは、橋本左内《さない》の容堂評である。

能力も高かった。

残っている漢詩は見事であり、また学者を相手に議論を続けられ、松平春嶽とは夜通し政局の見通しや対策を練ることができる。

後述するように、徳川擁護の論陣は見事であり、政治勢力もそれなりにつくることができた。

が。

ではなぜ、山内容堂が構想した政権は実現せず、薩長主導で維新が進められてしまったのか。

なぜ山内容堂は、明治新政府に影響を与えられなかったのか。

外交文書の読めない家老たち

容堂には、大きく分けて三つの活躍時期がある。

第一期は、土佐藩主になって、安政の大獄で失脚するまで。

第二期は、安政の大獄後、政治権力を復活させた時期。

第三期は、大政奉還から戊辰戦争に至る時期。

順に見ていこう。

前述の通り、山内容堂は藩主になる立場ではなかった。若き藩主の死と、あとを継いだ藩主の短すぎる在職によって、たまたま藩主になった。この点はのちの政敵・彦根藩主の十四男に生まれた井伊直弼《なおすけ》によく似た境遇である。

しかし井伊直弼とは違い、容堂は若い時からあまり本を読まず、そのことで父親から説教もされている。が、どこ吹く風と言わんばかりに、木登りや相撲、乗馬などに夢中になった。

知識の吸収に興味がなかったわけではない。有り余る精気を発散させることを優先したのである。その証拠に、藩主になってからはそれまでの空白期間を取り戻すかのようにどん欲に本を読み、学者に会い、知識を吸収していった。

そして、藩主就任から五年たった嘉永六年（一八五三）六月、黒船来航。阿部正弘のところで触れたように、この時幕府は、大名家から庶民まで幅広く意見を求めた。山内家も当然意見書を提出することになった。ところが、ペリーから出された外交文書の意味を理解できる家老が一人もいなかったのである。

当時の一般的な大名家に必要な知識ではなかったのである。鎖国をしている国の、しかも外様大名の家臣に、外国との交渉能力や外交文書の解読は不要だった。しかしもはや、「不要」で済ませられる時代ではない。

容堂は、この文書を理解しかつ意見を述べられる人材として、家格の低い吉田東洋を参政（事実上の行政責任者）に抜擢したのである。

同時に、やはり家格のあまり高くない小南《こみなみ》五郎右衛門も登用された。

吉田東洋は、酒席で山内家の縁者を殴り倒したことに象徴されるように、時に自分の感情を抑えることができないという弱点を持っていた。他方小南五郎右衛門は、容堂が酒色の節度を超えると、正面からこれを冷静に諫《いさ》める謹厳実直な性格。

対照的な両者が藩政改革を行い、また江戸に出て容堂を補佐した。

使者を京に密行させる容堂

中央政界で容堂が交わった人物は多彩だが、中でも阿部正弘について、「阿部殿は幕府第一の人物」と尊敬していた。

こんな話が残っている。

阿部と会見した時に容堂が、

「天下の政治を一身に引き受けられ、御心労さぞかしと拝察する」

と言いながら、急に声をひそめて、

「いや、かく申すは表面のこと、実はたくさんの馬鹿大名を相手の事とて、お気楽なことかと存ずる。ただ土佐（容堂）だけは今後少々厄介になりたい」（平尾道雄『山内容堂』）。

おそらくテレビ時代劇でも、ここまでくだけた大名を描くことはないであろうが、言われた阿部正弘もびっくりした。ただ、阿部は大器であった。軽く受け流したようである。

阿部のほかに、島津斉彬、松平春嶽、伊達宗城《むねなり》といったところが、容堂の中央政界における主な交友関係であった。

容堂第一期における活躍は、こうした人脈の延長線上、すなわち、一橋慶喜《よしのぶ》の次期将軍就任運動で顕著になった。

安政五年（一八五八）正月、老中・堀田正睦《まさよし》は、日米修好通商条約の勅許《ちょっきょ》を得るため京に向かう。この時、堀田に対して松平春嶽と山内容堂は、「次期将軍は一橋慶喜、との勅旨を請うべし」と堀田を説得した。

だけでなく。

容堂は朝廷を動かすために、自身の正室の家である三條家に働きかけた。松平春嶽の家臣であった橋本左内を使者として、京に遣《つか》わしたのである。

さらに、紀州の徳川慶福《よしとみ》（のちの家茂《いえもち》）を次期将軍に推そうとする井伊直弼が、京都での工作を活発にしているとの情報に接して、容堂は自らの家臣（大脇興之進）も京に密行させた。

迫力なき「野党」山内容堂の限界

この時点で阿部正弘はすでに病没している。容堂としては阿部亡きあと、一橋慶喜擁立を成功させて、何とか幕府の改革勢力を拡充しようと図ったのである。

阿部によってうまく抑え込まれていた幕府保守派勢力にとっては、ここで後継将軍に一橋慶喜が決まれば万事休すである。

そんな中、保守派巻き返しの決定打として、井伊直弼の大老就任が決まった。

悪化する状況の中、三條家からの使者が密かに江戸に来て、山内容堂、松平春嶽、伊達宗城らと会談を持ったが、時すでに遅し。

大老・井伊直弼は、日米修好通商条約を天皇の許しなく調印。そして徳川斉昭や松平春嶽らの、不時登城による井伊直弼面責も効果なく、井伊直弼は徳川慶福の将軍継嗣《けいし》を正式発表した。

容堂の、完敗である。

容堂はこの間、外様大名とは思えぬほどよく動き、工作をした。しかもそれは的外れではなく、むしろ朝廷工作はツボ（三條実万《さねつむ》）を押さえていた。

ではなぜ、容堂の工作は失敗したのであろうか。

第一に、幕府の政権中枢に容堂らの同志がいなかったこと。

阿部正弘亡きあと、井伊直弼が政権を掌握するまで、堀田正睦が中心となって政権運営がなされるが、堀田は阿部正弘や井伊直弼ほどの政治力を持たず、また、自身は「蘭癖《らんぺき》」と言われるほど西洋かぶれであったにもかかわらず、改革派の指導者とはならなかった。

政権内に容堂たちの同志がいなければ、政策を実現することは非常に困難である。野党に政策実現は事実上できない。だからこそ容堂は朝廷を動かし、次期将軍に一橋慶喜がなれば、事態は必ず好転すると信じた。つまり、改革派が与党となって政権を握れば、改革が行えると信じたのである。しかし次期将軍は一橋慶喜ではなく、保守派の立てる徳川慶福に決まった。

第二の失敗要因は、「油断」である。

三條家からの使者が密かに江戸に来たことは触れた。井伊直弼の工作が激しくなっていた京の情勢を知らせ、善後策を練るためである。だが、容堂たちの動きはすべて幕府側に筒抜けで、誰が何を主張しているのか、把握されていた。これがのちに井伊直弼の強硬な態度を呼び起こす。容堂の側の情報管理はかなりずさんであったことが窺《うかが》い知れる。

第三の失敗要因は、井伊直弼が断固たる態度で改革派に向き合ったのに対し、改革派の徳川斉昭や松平春嶽らは、政治的に稚拙であった。

不時登城、つまり登城日ではないのに江戸城にやってきて、時の最高権力者に面と向かって文句を言い、それで事態を打開できると考えたとすれば、あまりに甘すぎるのではなかろうか。

白昼堂々と登城すれば、誰もがそれを目にする。結果、会見は、まったく裏取引のできないガチンコ勝負になる。なぜなら、そこで井伊直弼が妥協すれば、自身の政治的権威を落とすだけだからである。白昼いきなり現れて面会を強要されたら、どんな権力者であれ引き下がるわけがない。

徳川斉昭や松平春嶽の「不時登城」は、すでに結果が出ている政局に対し何の効果もないばかりか、その後起きた「安政の大獄」の引き金にすらなった。

もし登城して面責し事態を本気で動かすつもりならば、相当の数の大名を動員して、その場で井伊直弼を解任するくらいの工作がなければならなかった。ところがこの日、山内容堂ですら屋敷にいて江戸城に登城していない。

これでは、勝てるわけがない。

野党が政権を奪うための「どんな手を使っても」という迫力が、この頃の容堂たちには見えなかった。

容堂が井伊直弼に送った「暴論」

徳川斉昭や松平春嶽たちが処分されていく中、容堂は、自身の立場をどう考えていたのであろうか。

安政五年（一八五八）六月二十四日、徳川斉昭らの不時登城。

同六月二十五日、徳川慶福の将軍継嗣、正式決定。

同七月五日、徳川斉昭らに隠居・謹慎の処分。

そんな、改革派が政治的に粛清されているさ中の同七月九日、容堂は幕府から命じられた大坂の警護に関し、意見書を提出した。

参勤交代の一時停止や防備のために幕府領（伊予・川江）を譲渡せよとか、大坂に列強の艦船が攻め込んでくれば大坂は大混乱になるから、先に焼き払って焦土にすべし、といった、とうてい幕府には呑めない「暴論」が並んでいた。

これが、翌安政六年十月の、容堂蟄居《ちっきょ》につながるのである。

意見書の草案を見た松平春嶽は「危ないから、こんなものは提出するな」と忠告したが、容堂は「言ってやらねば収まらない」と、忠告を無視した。

こういう子どものような無邪気な危うさは、終生容堂から抜けることはなかった。

子どものような正義感は容堂の魅力であり、相模屋政五郎たちから慕われる要素であるが、他方これは、明らかに政治的には稚拙である。

たとえば阿部正弘が同じ立場だったとして、こんな政治的に無意味な意見書を井伊直弼に出すであろうか。

絶対にあり得ない。

政治家が公に出す文章は、常に政治的意図を持って慎重に出されなければならない。なぜなら、読む者が政治的な意図を汲み取ろうとするからである。政治家を指導者と置き換えてもいい。小学生が書いた文章の意図を探るのは担任の教師くらいだが、政治家や指導者の文章は、あらゆる人々、部下や、政治的に対立する人々の関心を惹き起こすものである。

その大事な文章を一時の感情で書き捨てるのは、三流雑誌のゴシップ記事にも値しない。ゴシップ記事なら笑って終わりだが、一つの藩を代表する人物の文章はそういうものではない。

筆者は、容堂が井伊直弼にケンカを売ろうとした勇気を否定しない。

すでに徳川斉昭はじめ、一橋慶喜派への粛清が始まっていた時期に権力への昂然《こうぜん》たる反抗は、むしろ胸のすく思いもある。

しかし重ねて言うが、彼は土佐二四万石の家臣団を率いているのである。勝てないいくさは、断じてすべきではない。

指導者は怒りの方向を間違えてはいけない。

理不尽な行為や納得のいかない結果に対して、その怒りは次のステップを構築するためのエネルギーに転化すべきである。

不満な状況をゼロと考え、不満な「今」をスタートラインにして、次の策を練る。

天下を取る人物に共通の思考方法である。

容堂のケースで言えば、それまで彼自身が属していた派閥の主立った者が粛清され、権力基盤を失いつつあるのである。ならば、残っている同志を結合して対抗するか、あるいは一時期でも井伊直弼の軍門に下るか、選択肢はあった。むろん後者は容堂の性格からして、あり得なかったであろうが。

老公の御志を継ぐ土佐勤王党

容堂は、安政六年（一八五九）二月、三十三歳で隠居し、十月に蟄居を命ぜられる。

つまり、若い。まだまだ再起の機会はあった。

容堂の蟄居から半年もたたない安政七年（一八六〇）三月三日。桜田門外の変で井伊直弼が暗殺された。流れは、一橋慶喜派の方に変わった。

容堂が完全な自由を手にしたのはしかし、桜田門外の変から二年がたった文久二年（一八六二）四月であった。同七月に一橋慶喜が将軍後見職、同九月に松平春嶽が政事総裁職に就任。容堂は同十月に、閣老に準ずる「御用部屋出仕」を命ぜられた。幕閣とほぼ同等の待遇である。

ここから第二期の活躍が始まった。

外様大名としては異例の起用。しかも容堂はすでに隠居しているので、現役の大名ではない。この点、政権奪取した一橋慶喜派の面々がいかに容堂に期待を寄せていたか、手に取るようにわかる。

一橋慶喜派は幕政改革に邁進する。

京都守護職の新設や参勤交代の廃止、安政の大獄で入獄中の者への特赦《とくしゃ》、軍制の改革などで、容堂の献策も取り上げられ、中央政界での容堂は水を得た魚のように活躍するのである。

他方、容堂が蟄居していた間土佐本国では、容堂が最も信頼する参政・吉田東洋が藩内の勤皇派に暗殺された。

土佐の勤皇派は、武市《たけち》半平太を首魁《しゅかい》とする「土佐勤王党」で、彼らは藩全体を勤皇とし、藩の軍事力をもって京にのぼり、倒幕を行おうと考えていた。

勤皇、という点で山内容堂と武市半平太に差異はない。

しかし、容堂の勤皇はあくまで幕府あっての勤皇であり、公（天皇）武（幕府）は合体して国難にあたるべし、という穏当な現実主義であった。参政・吉田東洋もまた、同様の考えである。

対する武市ら土佐勤王党は、一気に世の中を動かして最終的には幕府を倒し、尊皇攘夷を実現するという思いに取り憑《つ》かれていた。

土佐勤王党の面々は、下士《かし》である。

土佐藩では、慶長六年（一六〇一）に土佐に新領主として入国した山内家の家臣と、それまで土佐を支配してきた長宗我部《ちようそかべ》家の家臣を差別し、山内家の家臣を「上士《じようし》」、長宗我部家の家臣を「下士」とした。

反発する下士に対して山内家は、だまし討ちを含む大量の粛清を行ってきた歴史があり、土佐勤王党のメンバーには「弾圧され続けてきた」という意識がある。

また下士は藩政の重要な役職に就くこともなく、大きな変革がない限り、歴史の主人公にはなり得なかったのである。

彼らはしかし、容堂には期待を寄せた。土佐勤王党の「堂々たる神州」で始まる盟約の中で、

「我が老公（容堂）は皇国の禍《わざわ》いを憂いたが、そのために罪を得た（安政の大獄での蟄居処分）。老公が辱めを受けたのだから、われら家臣は黙っているわけにはいかない。死を覚悟しなければならない」（盟約より意訳）

盟約の中には、「老公の御志を継ぎ」と、容堂の政治路線に対する最大級の尊敬も表している。

容堂の名を出すのは、「土佐勤王党の正当性を主張」するものだという指摘もある（宮地正人『幕末維新変革史』）。つまり老公（容堂）の名を出せば、藩内で認められるという計算があったというのである。

だが、計算だけではあるまい。

武市は長州藩等の勤皇派と行き来があり、それゆえに、他藩から容堂のことについて良い評判が耳に入る。土佐藩内でも、容堂が藩主になってからの改革は目を見張るものがあった。だから、武市半平太は山内容堂の勤皇家としての精神を信じ、こうした盟約文になったと考えられる。

長州の工作に対抗できず

武市半平太は吉田東洋暗殺後もしばらく、その罪は問われなかった。どころか、文久二年（一八六二）十二月、朝廷から江戸への勅使を護衛する任務を果たした武市は、土佐藩の留守居組に抜擢された。

上士になったのである。

さらにたびたび容堂と酒杯を重ね、その感激を武市は「有り難き事」と、妻に手紙で書き送っている。

だがこれは、武市ら土佐勤王党をしばらく暴発させないための措置《そち》でもあった。

容堂の性格からして、いずれ殺す相手と酒杯を重ねることはできなかったであろう。容堂は人間としてそこまで「政治化」していないし、純情さも持っていたから、酒を酌み交わしたのは武市に対する期待もあってのことである。

さて、この時期（文久三年前半）容堂は、公武合体政策推進のため京に出向いた（将軍上洛の下準備）。

朝廷と幕府、両方から招かれたのである。

京では尊皇攘夷派が力を持っており、長州藩が背後で朝廷に圧力をかけていた。ここでも容堂は懸命の工作を行うが、京の政治情勢は公武合体派にとって厳しい状況にあった。

加えて、容堂のもとを訪れた学者や幕府側と見られる人物が殺され、その首が容堂の屋敷に投げ込まれるなど、攘夷派のテロの横行は目に余った。

攘夷派は「即時攘夷実行」を幕府に迫っている。

そんなことはできないのを百も承知だが、攘夷を決行しなければ「天皇の意に背いた」と攻撃し、仮に攘夷を実行すれば諸外国の反発を招き幕府を追いつめることができる。王手飛車獲りなのである。

攘夷派と公武合体派双方の工作は激しさを増したが、結局容堂たち公武合体派の力及ばず、松平春嶽も容堂も、京を離れた。

だが、ほどなく会津藩と薩摩藩が手を組んで京から長州勢と、攘夷派の公卿たちを追い払ってしまったのである。

文久三年（一八六三）夏。いわゆる「八月十八日の政変」である。

政治工作よりも、武力弾圧の方が結果が早かった。

言い換えるなら、相当な軍事力をもってしなければ排除できないほど、長州と攘夷派、つまり反幕府勢力が大きくなっていた証拠でもある。

容堂はこのことに気がついていた。だから、土佐藩内で勤王党の粛清を始めたのである。

薩摩の動きを注視する容堂

どうも幕末の話を書いていると、様々な勢力が入り組んでわかりにくくなる。

そもそも、黒船来航から徳川幕府が大政奉還するまではわずかに十四年。

この間、嘉永、安政、万延、文久、元治、慶応と、六回も元号が変わった。元号は、天災や大きな政変があると安寧《あんねい》を願って変更していたから、この時代がどれほど激動であったか、窺い知れる。

容堂に限ってみれば、突然の藩主就任、中央政界で一橋慶喜擁立工作、安政の大獄で蟄居。復活後は再び京で公武合体工作に従事して長州勢力に対抗し、藩内の行き過ぎた過激派の弾圧を行う。実にめまぐるしい。

容堂は武市半平太を投獄（二年後に切腹）し、土佐勤王党の活動を停止させる。中央政界では、元治元年（一八六四）に公武合体派が諸侯会議を開くも実りなく、同年十月には長州征伐（幕府による長州攻撃）が始まる（容堂は長州征伐には積極的な関与はしなかった）。

容堂はすでに、幕府の生き残りは難しいと読んでいた。そしてそのカギを握るのが薩摩であると見て、慶応二年（一八六六）二月に家臣を島津久光のもとに送り、情勢を探らせている。

しかし、容堂の限界が、この活躍の第二期終盤にやってきた。

薩摩藩がどう動くかで政局が左右されることを理解し、その状況を確認させ次の動きにつなげようとしたことは、容堂の慧眼《けいがん》である。しかし、容堂が薩摩に家臣を派遣するひと月前の慶応二年の一月には、薩摩は幕府を見限り、長州と密かに手を組んでいた。薩長同盟である。

しかもこの同盟の仲介者的役割を果たしたのは、土佐勤王党に属していた坂本龍馬と中岡慎太郎であったことは、ご承知の通りである。
容堂よりも時代の方が、足早に駈け始めていた。

朝敵にならずに徳川を守る方法

容堂が活躍した第三期は、大政奉還から小御所《こごしょ》会議にいたる、幕末の最終局面。幕府は長州征伐を二度行い、二度目の長州征伐は完全な失敗に終わった。幕府の政治力は低下し、薩摩藩の呼びかけで慶応三年（一八六七）五月、島津久光、松平春嶽、伊達宗城、山内容堂の「四侯会議」が開かれた。

薩摩の狙いは明らかであった。

四侯会議という、老中ではない雄藩の連合によって政治を動かそうとしたのである。裏では、薩摩藩の大久保利通《としみち》・西郷隆盛が策動していた。そのため容堂は、京には行ったが、会議には何度も欠席して抵抗の態度を示した。

会議に主要メンバーである山内容堂が欠席することは、会議の重みや決定事項を軽くする効果はあったが、しかしこれは劣勢の立場にいる人間がとる方法で、京都政界に顔のきく容堂が欠席しか闘争手段を持たなかったことは、薩摩の勢い、幕府以外の勢力がいかに大きくなっていたかという証でもある。

四侯会議自体は、第十五代将軍・徳川慶喜（前年十二月に将軍に就任）によってリードされ、薩摩の「幕府の政治権力を奪って雄藩連合が政権を握る」という目論《もくろ》みは失敗した。これはその時点だけをつまみ上げれば幕府側の勝利だが、四侯会議で目的を達せられなかった薩摩藩は、これ以後、武力による幕府打倒を目指すことになる。

この慶応三年（一八六七）は、あとから振り返れば、徳川幕府最後の年である。容堂はもう、幕府は長くないと感じていた。

感じてはいながら容堂はその後も、幕府、徳川家を守る姿勢を変えない。

容堂は薩摩藩の西郷隆盛と会見した際も、土佐と薩摩とは立場が違うと表明し、倒幕を指向していた薩摩と一線を画す態度を示していた。

容堂の政治目標は、何であったのか。

朝敵にはなりたくない。

しかし、徳川は守りたい。

容堂は懊悩《おうのう》する。この矛盾した政治目標を達成する解決策は何かないものか。四侯会議からずっと考えてきた難問の答えを提示する者がいた。

後藤象二郎《しょうじろう》。土佐勤王党に殺された吉田東洋の甥にあたるこの男は、「船中八策」を示して容堂を悩みから解放した。

船中八策の要点は、政権を朝廷にお返しするという大政奉還と、「万機公議に決す」、つまり幕府に代わって雄藩連合による政権をつくるということ。そして海軍の拡張と「金銀物価宜しく外国と平均」、貿易立国を目指すという考えに基づいていた。

ご存知の通り、立案したのは坂本龍馬である。龍馬は洋上で後藤象二郎に策を披瀝し、後藤がそれを容堂に伝えた。

龍馬の考え方は「今は国内で争っている場合ではない。衆知を集め、挙国一致で進むべし」というものであった。このまま徳川幕府の体制が続けば日本は外国にいいようにされる。同時に、だからといって無理矢理武力で徳川を倒す必要も龍馬は感じていなかったのである。

容堂も、幕府政治の限界を打破するには徳川家を含む雄藩連合政権が良いと考えていた。そのためにも徳川を潰してはならない。

大政奉還で政権を朝廷に返上すれば、「幕府」打倒を企てる薩摩や長州は、討幕の大義名分を失う。これぞ「土佐が朝敵にならず、徳川も守る」容堂の政治目標に

府に対して大政奉還の建白書《けんぱくしょ》を提出した。

こうして容堂は、大政奉還を含む船中八策を基本に、倒幕の機運が高まる中、幕府に対して大政奉還の建白書《けんぱくしょ》を提出した。

容堂、小御所での最後の戦い

慶応三年（一八六七）十月十四日、徳川慶喜は大政奉還を天皇に申し上げた。実は同日、薩摩藩と長州藩に対し、「倒幕の密勅」が出されている。まったく間一髪のところで、内戦は回避されたかに見えた。

しかし、大政奉還したということで幕府内部にも不満があり、他方、討幕の軍を動かそうとしていた薩長も振り上げた拳《こぶし》の行き場を探し、京を舞台に火は消えるところかくすぶり続けたのである。

容堂は、同年十二月八日に入京。

翌九日、小御所会議が開かれた。

表向きは「王政復古の大号令」を行う会議であったが、なんと薩長はここで徳川を挑発して戦端を開くため、「辞官納地」という無理難題を徳川に迫ろうとしたのである。徳川に対し、「官（官職）を辞し、徳川の領土を朝廷に納めろ」というのだ。

小御所会議のやりとりを切り取ってみれば、山内容堂がいかに正論を吐き、薩長とその系列に属する岩倉具視《ともみ》らの発言がいかに道理に合わないか、よくわかる。

容堂は、

「徳川は誠意をもって政権を朝廷に返上したのである。その徳川の代表たる慶喜が会議の席にいないのはおかしい」

と発言。これに対し岩倉具視は、

「辞官納地を命じたのに、応じない方がおかしい」

と反論。

容堂は再反論する。

「これは大変陰険なやり方であるのみならず、王政復古の初めに当たって兵を動かすなど、天下の乱をさそうようなものだ」

そして、

「このような暴挙を企てた三、四の公卿は、幼冲《ようちゅう》の天子を擁し奉って権柄《けんぺい》を盗もうとするものではないか」

幼くて政治に不案内な天皇（明治天皇）を擁して、薩長と一部の公家が権力を盗もうとしている、許せない、と。

岩倉具視は、この言葉尻を捉えた。

「聖上（明治天皇）は不世出の英主である。『幼冲の天子を擁し奉りて』などとは、何たる妄言」

と厳しく攻撃。

松平春嶽は容堂を支持し、議論は平行線をたどった。

論理的には明らかに、山内容堂の方に分がある。

政権を持っていたから倒そうとしていた相手。しかしその相手が、混乱を避ける意味もあって政権を返上した。にもかかわらず、その領地まで召し上げるとは何事か。これは、徳川を刺激して戦いに持ち込もうという薩長の陰謀ではないか……。

このあと、休憩を挟んで例の西郷隆盛の、

「短刀一本あれば片がつく」

という発言で事態が急展開した（浅野長勲《ながこと》の回想に出てくる）とも言われているが、事実は確認できない。

休憩時に何事かあったのは事実である。なぜなら休憩のあと、容堂はほとんど主張することなく、会議は結論として、徳川慶喜に辞官返納を命じるに至ったからである。

山内容堂と民社党に見られた弱点

戊辰戦争後、容堂はその姿勢を初めて転じ、徳川を討つことを肯定した。明治になってからは中央政界で目立った活躍もなく、明治五年（一八七二）、四六年の生涯を閉じた。

容堂はなぜ、絶大な期待を長期にわたって抱かれながら、最終的に中央政界で主導権を握れずに終わったのか。

そこには、容堂が持っていた政治家としての失敗の要素が関係してくる。

第一に、良心的中道という弱点があった。

激動期には極端な議論をする方が、政治的に力を持つことが多い。

幕末で言えば、尊皇攘夷である。

何かの政治的危機感を抱くと、人は早く不安から逃れたいために、すぐに結果の出る変革を求める。平和裏に穏やかに時間をかけて変化するよりも、目に見える形での変化を望むのである。

ロシア革命の時も穏健派は結局粛清されたし、日本の戦後政治を見ても、中道的な政党が単独で政権を握ったことはなかった。

かつて民社党という政党があった。

当時、ソ連や中国の共産主義政権と近く、思想的にも左翼勢力が強かった日本社会党から離れた人々によって結成された。

民社党は西欧型の社会主義、つまり反共産主義で改良主義的な政策を掲げていた。「福祉国家建設」を最初に政策として掲げた政党でもあった。

しかし、保守か革新か、という中で存在感を示すことができず、党勢は結党時（衆議院議員四〇名、参議院議員一七名）を上回ることがなかった。

これは民社党が掲げた政策に問題があったのではなく、自民党への批判票は多くが社会党に流れ、逆に社会党や共産党に対抗する政党としては、自民党の方が国民にはわかりやすかったのである。

尊皇攘夷は、「天皇を戴き幕府を倒し、外国勢力を駆逐する」という、わかりやすく勇ましいものであった。藩政を実際に動かす若者たちは、尊皇攘夷の理想に燃えた。同時に、権力を支配階級から奪取できるとも考えた。考えないまでも、感じていたはずである。このまま討幕に進めば、徳川を潰すだけでなく、自分たちの藩の権力も握れる。これこそ政治のエネルギーである。革命が熱を帯びるのは、権力が白から赤一色に、一気に変わる期待感があるからである。

主張を変えなかったのは損得計算からか？

容堂の主張は、佐幕でありながら尊皇で、幕府を助け朝廷を敬うという、今から見れば穏当な主張だが、最終的には受け入れられなかった。

「酔えば勤皇、醒《さ》めれば佐幕」

と、容堂の主張がころころ変わったように当時から言われていたが、これは容堂の「勤皇佐幕」路線が単純ではなかったことによる。勤皇なら倒幕、佐幕なら朝廷と対立、という単純な構図の方が人々には受け入れられやすい。しかも幕府の力がどんどん衰えていくのに佐幕を続ける容堂の姿勢は、勤皇派には理解されなかった。だから先ほどの、「酔えば勤皇、醒めれば佐幕」と揶揄《やゆ》されたのである。

中道路線は、民社党がよく口にした「是々非々《ぜぜひひ》」でもある。

勤皇にも佐幕にも、それぞれ短所長所がある。その良い点、すなわち天皇を戴きながら、幕府の硬直した政治体制を改め、雄藩連合で衆知を集めて政治を行う、というのが容堂の政治目標であった。

だがこれは、幕府政治に反感を持つ多くの勤皇派にとって受け入れられるものではなく、幕府側にとっても権力を奪われるとんでもない考えであった。

主張が正しいかどうか、というところに容堂はこだわりを持ったが、政治が大きく動く時には、論理よりも感情の方が優先する。

幕府を助けるならば会津のごとく徹底して薩長と事を構えるか、尊皇ならば早々に倒幕に舵を切るか。そのどちらにも行けなかったところに、「良心的中道」の弱さがある。

第二に、政治的主張の硬質。言い換えれば、主張を変えないということ。

容堂は今述べたように、終始一貫、佐幕尊皇、政策的には「公武合体」を押し進めた。そして、徳川を擁護し続けた。

いったい、あそこまで徳川を守る姿勢を示す必要が、政治的にあったのかどうか。

徳川の親藩である尾張徳川家ですら徳川慶喜に敵対したのに、外様の一大名がなぜあそこまでやらなければならなかったのか。

うがった見方をすれば、仮に早々に倒幕側に加わっても、国力の上で薩長にはかなわない。であるならば徳川を政権に残し、徳川の力を背景にすれば、容堂も政治の実権が握れる、という考え方もある。

しかし戊辰戦争が始まる寸前、つまり徳川が絶対的に追いつめられ、しかも薩長の政治的実力を見せつけられている中でなお、徳川を守ろうとした容堂。この事実から言って、容堂が政治的損得計算で行動していたとはとても思えない。

どうして政治的にうまく立ち回り、主張を変更してでも、土佐の地位を上げようとしなかったのか。

佐幕左派が攘夷右派に敗れる

指導者は、状況によって意見を変えることがあっても良いのか。それとも、首尾一貫、信念を貫くべきか。

答えは、決まっている。

うまく組織を運営したければ、臨機応変に意見を変更すべきである。状況が変わっているのに当初の作戦を継続するなど、ナンセンスである。

他方、いつも状況によって言うことが違う指導者は、絶対に信用されない。信念を簡単に曲げる者は、周囲から仰がれることはない。

問題は、目的がはっきりしているかどうか、である。

たとえば敵を攻略することが目的なら、今の状況で最終勝利は不可能と判断したら作戦を中止すればいい。しかし、目的が物資を奪うことなのか、占領か、敵に恐怖を与えることなのか、同盟を有利にするための示威行為なのか、さっぱりわからない中で作戦が変わると、組織運用も信頼醸成もできない。

目的さえはっきりしていれば、多少の問題があっても意見を変えても、指導者はそうそう簡単に見捨てられない。

土佐藩主・山内容堂が藩士たちから見捨てられなかったのは、彼が首尾一貫、「佐幕左派」で通し、勤皇佐幕の目的を変えることがなかったからである。

幕末の政治状況は、複雑である。しかし、そこに属した者を思想的な派閥に分けると、意外とわかりやすくなる。

まず、幕府を助け、現在の幕藩体制を維持する、という佐幕最右派は、井伊直弼。

幕府は助けるが、大幅に政治体制を変える、という佐幕左派に、幕臣・勝海舟や土佐藩の山内容堂、伊予宇和島藩の伊達宗城、ほかに越前福井藩の松平春嶽がいる。

幕府とはケースバイケースで協力しながら、権力獲得を目指す攘夷右派の薩摩藩。

幕府と距離を置き、必要なら幕府の手先を殺し、攘夷を実行する、攘夷最左派の長州藩や水戸藩浪士。

明治元年、戊辰戦争終了時だけで見れば、攘夷右派の薩摩藩が政治的には圧倒的な勝利者である。幕府の勢いがあるうちは幕府と協力して長州を討ち、状況が変化して幕府がもたないと見れば裏で薩長同盟を行い、てのひらを返したように幕府を裏切る。

もし容堂が同じように動けば、あるいは薩摩の地位に土佐が就いたかもしれない。しかし、容堂の個人的性格から言っても、それは不可能であった。

容堂を呼び捨てにする元勲

容堂の失敗の第三は、勤皇派の弾圧である。

有為の人材を断罪した、という意味だけではない。

武市半平太をはじめ土佐勤王党は三〇〇人近い構成員があった（文献により五〇〇人とするものもある）。そして当時の勤皇派に共通しているように、武市も他藩の勤皇派と頻繁に行き来し、連絡を取り合っていた。長州藩の久坂玄瑞《くさかげんずい》との交流はよく知られている。

土佐藩の主要な役職はすべて上士が独占し、勤皇派はわずかであった。だから、土佐藩上層部に他藩の特に勤皇派の情報が入りにくい。

土佐勤王党は下士がほとんどで、下士が他藩と交流をしており、そこには濃い情報のやりとりがあった。もし下士である土佐勤王党員が藩の要職に多く存在すれば、もちろん藩論が勤皇に傾くおそれは多分にあったが、それでも他藩との情報、他藩との連帯をもっと確実に模索できたはずである。

下士を藩の主要な役職に就けられないとするならば、せめて彼らを使い、あるいは彼らを囲い込んで、容堂の掌中《しょうちゅう》で動かすという選択肢をとるべきであった。

武市が重職に就けられたのは吉田東洋暗殺後であり、前述の通り、武市らの暴発を恐れての措置であった。その前に土佐勤王党で「これは」という人物を起用し、島津斉彬が西郷隆盛を使ったように容堂がやっていれば、土佐勤王党の犠牲は最小限度に抑えられ、また、長州征伐以降の政局でも必ず役に立ったはずである。

なお土佐勤王党の弾圧は、勤王党に属していた者たちの容堂に対する反発というか憎悪を招いたことは言うまでもない。

板垣退助は容堂の近くにありながら、勤皇の主張を曲げずに容堂を困らせた一人だが、彼は容堂を明治になっても「老公」と呼んで敬っていた。

一方、土佐勤王党党員であった田中光顕《みつあき》（のちに宮内大臣まで出世した元勲の一人）は、その回顧録（『維新風雲回顧録』）の中で、「容堂は」と呼び捨てにしている。容堂を「風懐卓犖《ふうかいたくらく》（風流で、他よりも抜きん出てすぐれている）」と一応評価もするが、「生首を見ても驚かない」、という部分を取り出して暗に無神経だと皮肉ってみたり、あるいは家臣をからかうエピソードなど、筆は辛辣《しんらつ》である。

あの時代の藩士経験者は、旧藩主に対して条件反射的に平伏するような者がほとんどであったから、田中光顕のこの記述がいかに怨念を含んでいるか、想像できる。

その土佐勤王党に、一人の変わった若者が属していた。

坂本龍馬である。

龍馬は、政治的には攘夷に始まって、勝海舟と出会い、勝や松平春嶽を通じて諸藩の人間と交わることで徐々に政治思想に柔軟性が出て、最終的には徳川家も含んだ集団指導体制を模索した。つまりは容堂と同じ結論を持ったのである。

それがすでに触れた船中八策であり、龍馬がもう少し生きていれば、容堂と直接話をしたかもしれない（高岡郡宇佐の真覚寺住職・井上静照の『真覚寺日記』によれば、容堂は龍馬を引見し大義料として五〇両を与えたという噂を書き留めている。真偽は明らかではない）。

そして破天荒な龍馬を、容堂は間違いなく気に入ったはずである。

村長になった龍馬暗殺犯と県会議長になった三井財閥総帥暗殺犯

坂本龍馬について触れたい。

龍馬もまた、土佐という風土が生んだ政治的風雲児である。性格が明朗快活で豪胆だったためにあまり注目されないが、本人が意識していたか否かは別にして、龍馬は極めて政治的な動きをしていた。

藩主・山内容堂は中央政界で政治工作を行い、藩士（脱藩したので元藩士）の坂本龍馬は、薩長を主な舞台に立ち回った。

二人の政治的な主張は、最後の段階で一致していたが、山内容堂は生き残り、坂本龍馬は暗殺された。

そこでここから、龍馬暗殺をめぐる動きを政治的な側面から眺め、なぜ容堂は殺されず龍馬が殺されたのか、その意味を解明してみたい。

坂本龍馬暗殺の実行犯は、佐々木只三郎《ただ さぶろう》率いる京都見廻組と言われている。実行犯の一人である今井信郎《のぶお》は明治維新後、静岡県の榛原《はいばら》郡初倉村の初代村長になっている。また、クリスチャンでもあった。

政治的な暗殺犯が処刑されずに生き残って、地方とはいえ政治の表舞台に立つことは珍しい。が、その例がないわけではない。たとえば昭和七年（一九三二）の血盟団事件で、三井合名会社理事長（三井財閥総帥）の団琢磨《だんたくま》を射殺した暗殺犯は、戦後、某県の県議会議長にまでなっている。

政治的暗殺犯の政治意識が高いのは当然だが、さて坂本龍馬暗殺に関わった人々は果たして、政治的な意味を考えていたのか、それとも命令に従っただけだったのか。

二種類の暗殺のプロ

政治家の暗殺で頻繁に取り上げられるのは、アメリカのジョン・F・ケネディ大統領暗殺事件であろう。

事件の前後、アメリカ国内で不思議な出来事が次々に起きていた。リー・オズワルドの逮捕前に、怪しいと思われた男が地元警察に捕まったが、すぐに釈放された。どこの誰だったのか、なぜ疑われなぜ釈放されたのかもわからない。調書も一切見つからない。

一部の都市では停電が起きたり、電話の不通が続いた地域もあった。ケネディの遺体が運ばれた病院では、遺体解剖に何人もの軍服を着た将軍と思しき連中が手術室の中まで入って立ち会ったが、誰だったのか、未だに正確なメンバーが把握されていない。

銃声は当初、オズワルドのいた教科書ビルではなく、道路脇の茂みの奥から聞こえたという証言が相次いだ。

怪しい人物を見かけたという証人や関係者たちが次々と不自然な死を遂げるが、

その最たるものはリー・オズワルド自身の暗殺であったろう。地元のギャングから至近距離で撃たれた映像は有名である。

それまでオズワルドは少ない機会ながらマスコミの前で、「自分はやっていない、はめられたのだ」と繰り返し言っていた。政治的確信を持って暗殺を行う者は、決して身元を隠さない。なぜなら、自分は正義を行ったと思っているからである。

世界で最も影響力のあるアメリカの大統領を暗殺するのだから、こそこそ隠れるようなことはあるまい。しかしオズワルドは隠れ、警察から逃げ、そして捕まり、その後も殺されるまでの間、犯行を否認し続けていた。

ケネディ暗殺の真犯人を探すのが本稿の目的ではないからこの辺にしておくが、どう考えてもおかしな暗殺者である。そもそもビルからの狙撃は難しく、しかも逃走経路はきわめて限られてくる。

そういう意味で言えば龍馬暗殺犯は夜、龍馬たちのいる宿をたずね圧倒的大人数で襲いかかり、逃走経路も確保してあった点から見て、プロの仕業である。

暗殺のプロには二種類いる。

一つは、通常の犯罪者。金で暗殺を請け負う。

もう一つは、警察・公安関係。

なぜ公安関係かと言うと、彼らは徹底的に暗殺犯のやり方、可能性を探って犯人を挙げるから、逆に自分が暗殺犯になった場合にどうすれば確実に相手を倒し、どうすれば逃げ切れるのかを最も良く知っているからである。かつてCIA（アメリカ中央情報局）やKGB（ソ連国家保安委員会）が世界で暗殺を行ったのは、この第二のケースである。

公式の治安機関がなぜ口をつぐむのか

龍馬暗殺が金で雇われた者だとすると、あとで露見するおそれがあるから大人数では行わない。龍馬暗殺の場合、見張りを入れて最低でも三〜五人であったと思われるから、金で雇われた殺しのプロの可能性は低い。

他方、もし官憲の側であるとすれば、未だに真犯人が不明である点などから、口の堅い、何かに強く忠誠心を誓った者と思われる。

では官憲の誰であるのかといえば、現在最有力と言われているのが、先ほど触れた京都見廻組である。

京都見廻組が坂本龍馬を狙ったとすれば、それを命じたのは京都守護職の松平容《かた》保《もり》ということになる。

なぜ京都守護職の松平容保が龍馬を狙ったのか。

龍馬は前年に薩長同盟のため動き回ったことで、京都伏見の寺田屋にて捕縛されかかった。その際、捕方《とりかた》にピストルを発砲し数名を死亡させている。現代で言えば「警官殺し」で、政治犯というよりも単純な殺人犯として、龍馬は官憲から狙われる理由があった。

だがそうだとすれば、京都見廻組は堂々と「警官殺しの犯人である坂本龍馬を、捕縛中に斬殺」と申し出ればよい。

事件と無関係の中岡慎太郎も殺してしまったから名乗れなかった、という説もあるが、中岡は薩長同盟を龍馬より早く進めていた張本人で、京都見廻組が斬殺・捕縛する理由はいくらでもつく。

「龍馬のうしろには薩摩・長州・土佐藩がいるから、騒動が起きては困る。秘密裏に殺せ」と、松平容保が会津藩重役・手代木《てしろぎ》直右衛門を通じて佐々木只三郎に命じたという説もある（佐々木は手代木の実弟にあたる）。

しかしこれもおかしい。

暗殺がバレて騒ぎが大きくなることを避けたいのならば、そもそも暗殺自体をやめればよい。だいいち、龍馬が殺されれば土佐をはじめ反幕府勢力はその犯人探しを始める。当然の結果として幕府側の人間を疑う。最初に新選組が疑われたのが何よりの証拠である。

新選組にせよ見廻組にせよ、京都守護職・松平容保の配下であり、真っ先に自分が疑われることは松平容保自身が一番よく理解していたはずである。だから「薩長土にバレるとうるさいから隠密裏に命じる」ことは、考えにくい。

では一体、公式の治安機関（京都見廻組）が、公務の執行を行って、それでもなお名乗れない理由は何であろうか。

それは、命令が非公式のものであったからではないか。

もっと言えば、正式な手続きや正統な指揮命令系統から発せられたものではない、ということである。

犯罪を成功させることで利益を受ける者が真犯人

佐々木只三郎に命令を下したのは会津藩重役の手代木だが、手代木に「龍馬を殺《や》らなければ、京都は大変なことになるぞ」と吹き込んだ誰かがいるのではないか。

龍馬暗殺命令を京都守護職である松平容保が命じたら、薩長土が騒ぎ立てて容保の立場が危うくなる。ならば、自分（手代木）が非公式に龍馬暗殺を命じれば、京の治安は守れるし、主君である容保にも迷惑はかからないのではないか。

これを隠密裏にやらせるには、腕が立って絶対に秘密を口外しない男を使うしかない。（手代木の）実弟の佐々木只三郎は腕も立つし口も堅い。何よりも信用できる……。

かつて京都・池田屋を新選組が急襲したのも、京都で松平容保らの暗殺計画を企てていた長州藩士たちを取り締まるためであった。京都守護職の幹部で、実直な手代木のような人物に「京都が大変なことになる」と吹き込めば、間違いなくそれを阻止するために動く。そう考えた者がいる。それが、暗殺の黒幕である。

「その犯罪を成功させることで利益を受ける者が真犯人」

というのは、犯罪学の基礎中の基礎である。

ケネディ暗殺の黒幕は、ケネディと政治的基盤を異にする共和党関係者、民主党の中でもケネディと対極にある保守派の人々、黒人の権利拡大に否定的な人種差別主義者、対ソ融和によって存在を小さくされる恐れのあった軍部、キューバのカストロ、そして平和外交推進で減産の可能性があった軍需産業など、利害がケネディと衝突したものがたくさん存在する。

これらのいずれが黒幕であったのか、あるいは黒幕は存在しなかったのかは不明である。しかし、ケネディが消えることによって彼らは利益を得る、と思われたから、黒幕に擬《ぎ》せられたのである。

龍馬が消えることで利益を得る者は誰か。

ここで、山内容堂との関係が出てくる。

「討」幕ではなく「倒」幕を目指した容堂と龍馬

容堂が、「船中八策」に想を得て、徳川家温存のために大政奉還を進めたことは既述した通りである。

徳川は政権を朝廷に返して、新たに有力大名や公家も含めた「合議制」の政体をつくる、そしてその合議制の議会の中に徳川慶喜が含まれる、ということ。

徳川が新たな政体の中でも中心的な役割を果たす。もちろん今までの幕府のような絶対権力を持つわけではないが、それでも強大な軍事力と領国を持つ徳川の影響力が大きいことは言うまでもない。

龍馬はそうなることを承知の上で、武力による「討」幕ではなく、平和的な政体変更である「倒」幕を指向したのである。

理由は、外国の日本政治への介入に対する脅威である。

龍馬は薩長同盟実現の過程で、イギリスから薩摩藩名義で武器弾薬を購入し、イギリスの政治介入を体験している。

龍馬はイギリスから薩摩藩名義で武器弾薬を購入し、武器弾薬の欠乏していた長州に送った。無論、禁じられていたことである。そして罰せられるのは薩摩や龍馬だけでなく、武器を売ったイギリスも大きなリスクを背負った。

もしイギリスが、長州に行くとわかっていて武器を売ったとすれば、これはフランスやアメリカ、幕府との「密輸厳禁」という約束に反する。それを承知の上で薩長に手を貸すのは、好意的施しではなく、明らかに政局関与である。

こんな連中が日本を窺《うかが》っている。

国内で騒乱を起こしている場合ではない。

山内容堂とは若干考え方の軸が異なるが、しかし国内で騒乱を起こさず、政治を安定させて次の局面に備えるという考え方は、同じであった。

これを龍馬の変節ととる人、あるいは龍馬を邪魔に感じる人々もいた。

政治テロは人々の政治選択に影響を与えるための「見せしめ」

たとえば、薩摩藩と長州藩である。

徳川が政権を離さないのならばこれを鎮圧せよ、という「討幕の密勅」を、薩長は朝廷から戴いていた。ところが、徳川は大政奉還で政権を手放した。徳川討伐の大義名分がなくなってしまった。

「大政奉還」をするよう徳川慶喜に進言したのは、土佐の山内容堂。容堂は龍馬の船中八策を基礎にこの絵図を描いたことは既に述べた通り。

徳川のうしろに土佐があり、その土佐を動かす力として龍馬がいる。

薩長は、あらゆる手を使って土佐藩を封じ込め、自分たちの側につけて、しかも自分たちより下に位置させようとする。

四侯会議での薩摩藩の主導権奪取や、土佐藩内の勤皇派を煽《あお》るなど、様々な方法がとられていたが、龍馬暗殺をその一環と見ると黒幕の思惑がはっきりしてくる。

この暗殺は、「警官殺し犯・坂本龍馬への報復」ではなく、政治テロであった。

政治テロというのは、その人物を殺して「見せしめ」にすることで、人々の政治的選択に影響を与えるのである。

五・一五事件や二・二六事件では、首相や主要閣僚、元老たちが狙われ、殺された。その後、日本の政治家たちは軍部に対して正面から反対を唱える者が少なくなった。

暗殺の後遺症とも言うべきもので、「次は自分が狙われるのではないか」と思えば、つい批判の矛先が鈍るのは古今東西共通のことである。

龍馬と同じ政策推進者への恫喝

ここで、想起したいことがある。

龍馬暗殺から一ヶ月も経っていない慶応三年(一八六七)十二月九日、王政復古の大号令を発するための小御所会議が開かれた。紛糾した会議の休憩時間に西郷隆盛が、

「短刀一本で済む話」

反対するやつは刺し殺せ、と脅したという話。

言ったのは西郷ではなく岩倉本人だ、いやそんな事実は確認できない、と諸説あ

るが、これを龍馬暗殺と重ね合わせてみる。

龍馬暗殺の効果は何だったのか。

「『大政奉還で平和的解決、徳川も入った新体制』などというふざけた政策を進めるのなら、龍馬のように死ぬことになるが、それでもよいのか」という恫喝《どうかつ》になる。

龍馬が暗殺されたのは、慶応三年十一月十五日。

小御所会議は、およそ一ヶ月後の十二月九日。

「短刀一本で済む話」を、「龍馬のように死にたいか」と置き換えても、意味が通る。龍馬暗殺は、小御所会議での政治選択に影響を与えたかもしれない。

この恫喝をしたのは、武力討幕を推し進めていた薩摩か長州。

たとえば、西郷隆盛。

西郷隆盛はそんなことをする人物ではない、という人がいるかもしれない。

私も西郷は大好きだが、西郷には様々な顔があり、どれか一つを取り出して論じてもあまり意味がない。

戊辰戦争後半の、たとえば庄内藩に対する寛大な態度や、明治初期の「大人物」的な風貌とは別に、小御所会議に至るまでの「陰謀家・西郷」の側面は無視できない。特に幕末のそれも末期になると、西郷は「目的のために手段を選ばず」という傾向を強める。

徳川から戦端を開かせるための挑発として、関東各地、特に江戸の町で盗賊まがいの乱暴狼藉を頻発させ、あるいは江戸城二の丸への放火、庄内藩屯所《とんしょ》への発砲等々、とにかく手荒で陰湿なことをやった。

龍馬暗殺に西郷が関わっているとすれば、その目的は龍馬自身の行動を止めることと同時に、龍馬と同じ考え方、徳川温存勢力に対する恫喝《どうかつ》という意味もあるのである。

山内容堂が殺されずに生き残り、坂本龍馬は殺された。そして山内容堂は結局最後に徳川を守り切れなかった。恫喝は、成功したのである。

本当は山内容堂を殺したかった薩長

龍馬には、暗殺を避ける方法があったであろうか。

薩摩藩が本気になって龍馬を狙ったとすれば、避けることは難しかったであろう。

龍馬は薩摩藩の庇護と影響下に「亀山社中」をつくった。亀山社中は初期の龍馬の政治的基盤である。つまり龍馬は「薩摩派」の人間であったわけである。

ところが薩長同盟が終わると、薩摩藩から見て坂本龍馬と亀山社中の必要性が低下した。

しかも亀山社中は火の車にもかかわらず、高価な船を欲しがる。薩摩にとって、やや面倒な存在になりつつあった。そんな中で亀山社中は薩摩藩を保証人として船を買ったが、薩摩藩は保証人から手を引いてしまった。

困っているところに土佐の後藤象二郎が、「金の面倒をみよう」と手をさしのべてくれたのである（竹下倫一『龍馬の金策日記』ほか）。

土佐藩としては、土佐勤王党を弾圧したため薩摩や長州など勤皇諸藩から信用を失い、かつ人脈も途絶えた。そこで勤皇派、特に薩長に絶大な信用のある坂本龍馬と高度な航海術を持つ亀山社中の面々を土佐藩で面倒みれば、人脈も信用も海運力も手中にできるというわけである。

こうして、「海援隊」は誕生するのである。

海援隊は事実上土佐藩の資本によって運営されることになり、龍馬は「薩摩派」から出身藩である「土佐派」に戻った。

土佐の最高実力者である容堂が志向した「徳川家維持」と、龍馬の構想「船中八策」がほぼ同じ方向を向いていたのは、偶然というよりも必然であったかもしれない。

他方薩摩藩は、龍馬が派閥を移動した以上、龍馬を庇護する何の義理もない。どころか、政治的に立場を異にしたとすれば、容易に攻撃の対象になり得る。薩長にしてみれば、その後の経緯の中で山内容堂ほど目ざわりな男はいなかったはずで、小御所会議もすんでのところで、容堂の弁舌に薩長側が負けるところであった。

だから本当は、山内容堂を抹殺したかったのであろうが、さすがにまだ封建時代であり、大名を殺すことへの倫理的抵抗感は強かったであろう（幕末、大名で殺されたのは井伊直弼のみである）。また、殺した場合の土佐藩の暴発は、火を見るより明らかであった。

「勤務ぶり、きわめて良好なり」

龍馬は攘夷論者として勝海舟を斬りに行き、その主張に魅せられて門下生のようになり、海軍の創設に関わり、薩摩の影響下に亀山社中をつくり、薩長同盟を成立させた。

勝海舟の政治的立場は議論があるが、最後まで幕臣であったことは間違いない。とすると、攘夷（反幕府）→勝海舟（幕臣）→薩摩（佐幕から討幕）→土佐（佐幕）と、政治的立場は激しく変遷をたどっている。これは龍馬の持つ、新しい知識や情報に接するたびに最も時代に合った考え方ができる柔軟性が、そうさせたのであろう。

最終段階で龍馬は山内容堂と同じく、徳川を潰すことは無益、国内で争っている場合ではないという「常識的」な判断を下したのである。

龍馬がもし、権力志向であれば事態は違った。

大政奉還の時点で時代が徳川を見捨てていたことは、薩長同盟の画策者である龍馬が承知していないはずがない。龍馬が権力志向ならば薩長に喰い込んで、薩長閥の中で上に行く可能性はきわめて大きかった。しかし龍馬は、権力よりも自分の政治的良識に正直に生きたのである。

それが龍馬の政治的弱点であり、暗殺を避けられなかった要因であり、今日まで愛され続けている理由でもある。

山内容堂も坂本龍馬も、激しく人間的であり根は「陽」であった。土佐の風土がそういう人間を育んだのであろう。

ちなみに高知出身の総理には、浜口雄幸《おさち》や吉田茂がいる。浜口は「ライオン宰相」の異名通り勇ましい容貌をしているが、愛妻家で知られている。ロンドン軍縮会議で統帥権干犯問題が起きても微動だにせず信念を貫き、テロに遭った。

吉田茂の実父は自由民権運動の闘士・竹内綱《つな》で、吉田は戦後、選挙区を実父の出身地である高知に置いた。吉田は終戦工作で憲兵から狙われ、逮捕勾留されても節を曲げなかった。吉田家の書生が実は憲兵隊のスパイだったが、戦後になってそのスパイ書生が吉田に謝りに行くと、「上官の命令に従うのは当然で、何も謝ることはない」と言って、吉田は就職の世話まで引き受けた。紹介状には、「勤務ぶり極めて良好なり」と書いた。

容堂は龍馬が生きていれば、時に正反対の立場に立ったこともある龍馬に対して、きっと、「勤務ぶり、きわめて良好なり」と、言葉をかけたに違いない。

二人の酒席を眺められたら、どんなに愉しいであろうか。けた外れの人物たちだけに、夢想は尽きない。

第3章

「真珠湾攻撃」なき戊辰戦争で失敗した、松平容保

京都守護職という「銃座」

「若い人は、戦争を知らんからなぁ」

以前、旧海軍兵学校関係者の集まりで講演を終えたあと、江田島で教官を勤めておられた老人と会話をしていたら、こうポツリ、と漏らされた。

「いくさ（日米戦）の後半は、名将と言われる提督でもフネ（軍艦）を喪《うしな》うのがいやで、回避行動をとっていたもんですよ」

某提督と同じ艦橋に立っていた老兵の話は、どこまで事実かわからないが、しかし妙に頭に残るものだった。

むろん、勇敢なフネや将兵もいた。

「敵サンが撃ってきたって、裸同然の銃座から逃げやせんのだから。逃げられないのではなくて、死ぬのを覚悟して撃ち返すんです。おっかなくないかって？　そうだねえ」

老兵曰く、使命感と目の前の事態に対処することに夢中で、あとは何も考えられない、ということだった。

もし、幕末の会津藩を一言で表現するなら、「使命感と目前の事態への対処に夢中であった」と言える。

文久年間から慶応年間にかけて、会津藩主・松平容保《かたもり》が活躍した京都政界は、朝廷も、薩摩藩も、一橋慶喜《よしのぶ》（のちの徳川第十五代将軍）も、みんな複雑な動きをしている。ある日は右かと思えば、次の日には左に行く。薩摩と会津が手を組んで長州と戦ったそのすぐあとから、薩摩は長州と連絡をとっていたりする。

小説や映像作品がこの間の動きを描く時、あまり指導者を主人公にせず、新選組や勤皇の志士たちを中心に物語を展開させるのは、一貫した政治行動をとった指導者が少なかったからである。

それはまた、時代が移り変わる時にはやむを得ないことでもあった。激流の中でいつまでも同じ場所に立ち続けていれば、いずれ飲み込まれる可能性が高いからである。

首尾一貫していた指導者もいた。それが、会津藩主・松平容保である。

松平容保は、「京都守護職」という銃座に座って、圧倒的な攻撃にさらされながら逃げることなく、群がる敵に機銃を浴びせ続けた。それは任務とか政策というよりも、「使命感」に近かった。

松平容保の悲劇は、銃座に座って戦っている肝心の軍艦の艦長が、一橋慶喜や幕府という、首尾一貫しない政治勢力だったことである。

慶喜は良くも悪くも政治家であり、しかも状況に応じて政治目標を変えるタイプの政治家であった。筆者は慶喜に対してこれまでも、批判的な立場から論評を加えてきたが、しかし指導者が状況に応じて対応を変えることは間違いではない。ただその下で働く者にとっては、方針や各種の指示を変更する時、事前の相談や連絡なしに行われるのは迷惑である。

だから、松平容保は使命感を持ちながら長期的展望をなかなか見出せず、目前の問題に対処するため時間と労力を割《さ》かれたのである。

容保は様々な制約の中で六年間、京都守護職として働いた。

京師の地を死に場所としよう

松平容保は、会津藩主である。

高須松平家から養子に入ったが、そのせいもあって逆に、より会津の藩風に忠実であろうとした。

会津藩の藩祖は、保科正之《ほしなまさゆき》。第三代将軍・徳川家光の腹違いの弟で、家光にも、次の家綱からも信頼され重用された。

保科正之がわかると、会津の藩風がよく把握できる。

保科正之は、九十歳以上の領民に「老養扶持一人分給付すべし」として、世界ではじめて公的な養老年金制度を会津藩内で行った。該当者は一五〇人ほどいたらしい。また、間引きや殉死も禁止した。さらに社倉《しやそう》制を始めた。社倉制は、米を藩で買い上げて備蓄し、凶作時に安く貸し出す制度で、会津藩の記録には、それ以後餓死者の記録は見当たらなくなる。

保科正之の藩政の特徴は、民を思う仁政と、もう一つは徳川に対する忠義である。

「大君の儀、一心大切に忠勤を存すべく、列国の例を以《もつ》て自ら処《お》るべからず。若《も》し二心を懐《いだ》かば、則《すなわ》ち我が子孫に非ず、面々決して従うべからず」

有名な「会津家訓」十五箇条の最初に書かれているのが、この一文である。

徳川家をもっとも大切に思い、忠勤を励め。他の藩の態度に左右されるな。徳川家に対して裏切るようなことがあれば、それは私の子孫ではない。家臣たちも、そんな藩主には従うな……。

この強烈な「徳川絶対主義」に貫かれ、また藩校・日新館での徹底した武家教育などを通して、会津藩は諸藩の中でも独特の存在感を持つようになった。

勇ましく雄雄《おお》しい人々が活躍した、と思われがちな幕末だが、公的な戦闘を含め血で血を洗うような行動を主君が了解、もしくは黙認のもとで起こしていたのは、藩で言えば水戸藩、会津藩、彦根藩（井伊直弼《なおすけ》没まで）、桑名藩、長州藩、土佐藩、薩摩藩。

安芸《あき》の浅野家や肥前鍋島家、伊予宇和島の伊達家などを加えたとしても、その数は二〇藩にも及ばない。二六〇余藩の大名の一割にも満たないのである。あとは脱藩した浪士たちによるもので、全体としては傍観《ぼうかん》する藩が圧倒的に多かった。

二百五十年以上も平和が続けば、戦争を現実のものとしてなかなか受け入れられない。そして政治的な争いはなるべく穏便《おんびん》にすませたい、できれば関わらずにいたい、というのが、圧倒的大多数の、殿様を含めた武士階級の「世論」でもあった。

そんな中で幕府にとっては、京での脱藩浪士ら過激派を抑え込む「装置」が必要であったが、勇敢で力のある藩は多くはなかった。

幕府に忠実な親藩や譜代大名家も例外ではない。

そんな状況の中で文久年間、つまり事実上の開国後、井伊直弼が暗殺され幕府の権威が大きく揺らぎ、攘夷の嵐が吹きまくっていた京を抑える者として、会津藩に白羽の矢が立ったのである。

これはどう見ても、「火中の栗」である。財政負担も大きく、朝廷と幕府の間の争いに巻き込まれることは目に見えていた。やれば損をするのである。

「土津《はにつ》公ならば引き受けてくれた」

京都守護職を拒絶し続ける松平容保に対し、越前の松平春嶽《しゅんがく》は殺し文句を言った。

土津公とは、会津藩の藩祖・保科正之のことである（神道の霊神号）。保科正之ならば、幕府が困難な時には必ずご出馬あった、というのである。

これを断れるほど、松平容保は「政治家」ではなかった。会津藩重臣で、のちに女子高等師範学校長（現お茶の水女子大学）や貴族院議員になる山川浩は、京都守護職を受けた時の家老たちの発言を次のように記録している。

「君臣もろともに京師の地を死に場所としよう」（山川浩著・金子光晴訳『京都守護職始末』）

松平容保の、そして会津の悲劇はここから始まる。

松平容保の四つの問題点

松平容保の京都守護職在任期間は、五年と数ヶ月。

ところが、この五年余は日本の政治史上、とんでもない時期にあたる。

文久二年（一八六二）十二月に京都に着任し（発令は同年閏《うるう》八月）、慶応四年（一八六八）一月に鳥羽伏見の戦いが起きるまで、あきれ返るくらいの出来事が起きた。主なものだけでも以下の通りである（すべてではないが、京を中心にした事件や政変が世の中を動かしていた。その渦中に松平容保はいたという意味で、見ていただきたく列記した）。

文久二年（一八六二）。十二月、高杉晋作らによるイギリス公使館焼き討ち。

文久三年（一八六三）。三月、徳川家茂《いえもち》将軍上洛。五月、長州藩、攘夷実行のため外国船砲撃。七月、薩英戦争。八月、天誅組の変（尊皇攘夷派の大和での決起）。八月十八日の政変（長州藩などの京追放）。十月、生野《いくの》の変（但馬《たじま》での尊皇攘夷派の挙兵）。

元治元年（一八六四）。三月、天狗党の乱（水戸藩尊皇攘夷派の騒乱）。六月、池田屋事件（新選組による長州藩士らの捕縛・斬殺）。七月、禁門の変（長州藩による京都守護職・松平容保排除などを目的とした事変）。同月、第一次長州征伐。八月、馬関《ばかん》戦争（英仏米蘭四ヶ国による長州攻撃）。

慶応元年（一八六五）。九月、英仏米蘭、兵庫開港を要求し軍艦で兵庫来航。

慶応二年（一八六六）。一月、薩長同盟。六月、第二次長州征伐開始。八月、徳川家茂死去により征長中止。

慶応三年（一八六七）。十月、大政奉還。十二月、王政復古の大号令。

明治元年（慶応四年。四月に改元。一八六八）。一月、鳥羽伏見の戦い。

このすべての時期を詳細に見ていくのは、本書の趣旨ではない。激動の時代の中で、資質清廉な君主がどのように振る舞ったのか。そして、折々の松平容保の決断や差配の失敗について触れるのが目的である。

大きな問題点として、以下を取り上げたい。

第一に、そもそも松平容保は京都守護職として適任であったのかどうか。

第二に、結果として松平容保が京の政界で徳川を擁護しきれなかった要因は何か。

第三に、鳥羽伏見の戦いで勝利する可能性はなかったのか。

第四に、会津戦争は避けられなかったのか。

以下、順に見ていきたい。

君主は何が原因で賞賛され、また批難されるのか

筆者は、松平容保の個人としての純真さや忠誠心をまったく疑わない。どころか、実際にはそう多くない、時代劇に出てきそうな家臣思いで利他の君主は、幕末雄藩の中でもほとんどその例を見ない。

後世、会津藩の「生きざま」が評価されることの要因の一つは、松平容保の個人的な清節さにあると言える。

今筆者が「個人的な」と断ったのには理由がある。

個人としていかに優れた人間であろうと、与えられた役職に適任であるか、あるいは与えられた任務を遂行する上で個人的な性格が災いしないかどうか、という点を考えさせられる好例でもあるからである。

マキャベリの『君主論』に、以下の指摘がある。

人間、ことに君主は、何が原因で賞賛され、また批難されるのか。

「一人の君主が、これらの気質（憐れみ深い、気前が良い、義理堅い、人間味がある、堂々としている、信心深い等。筆者註）をすべて持ち、これをりっぱに守ってゆくことは不可能である」

だからこそなおさら、君主は汚名を避ける必要がある、という。

しかし。

「一つの悪徳を行使しなくては、自国の存亡にかかわるという容易ならぬ場合には、悪徳の評判などかまわずに受けるがよい」

と、まさにマキャベリズムの真髄的なことを述べている。

君主は悪評も気にするな、とマキャベリが言うその真意は何か。

「たとえ美徳のように見えることでも、これを行っていくうちに自分の破滅に通ずることがあり、他方、一見、悪徳のように見えても、これを行うことによって、自分の安全と繁栄がもたらされる場合があるからである」（マキャベリ著・池田廉訳『君主論』）

この場合の「自分」は「国家」も意味している。だから、国家全体のためにも悪徳と思われることをやらなければならないこともある、というのがマキャベリの主張である。

逆に言えば、国家国民のために、美徳を行わない、という選択もあるという意味でもある。

「貧乏くじを引くな」

そこで、松平容保に戻りたい。

容保は京都守護職を引き受けるにあたって、再三これを拒否するが、前述のように松平春嶽に説得されて引き受ける。会津藩の家老たちにとっては、混乱する京都政界に自分たちの主君が巻き込まれることは、イコール会津藩が巻き込まれることであり、絶対に承諾できるものではなかった。しかし、容保は家老たちに言う。

「台命《たいめい》しきりに下り、臣子の情宜《じょうぎ》としてももはや辞することばがない」

「はじめ余が再三固辞したのを一身の安全を計るものとするものがあったとやら。(略)いやしくも安きをむさぼるとあっては、決心するよりほかあるまい」(前掲『京都守護職始末』)

この中で容保は、「藩祖・保科正之の教えに従って、徳川宗家を守らなければならない」とも述べている。

容保は、幕府からの再三の要請を断ることは親藩の大名としてこれ以上、情宜の上からもできないと言い、また、「安きをむさぼる」という悪評を気にしていたことも吐露《とろ》する。

はたして、これは君主として正しい判断か否か。

権力基盤が大きく変動する時期、一番賢いのは成り行きを見守りつつ、勝つ方に味方するということ。それで言えば、火中の栗を拾いに行くような京都守護職就任は、是が非でも拒否すべきであった。

会津藩は東北に位置し、国元と京の連絡も容易ではない。

離れていればそれだけ資金も必要になる。

幕府から援助を受けたとしても、人的な補助までしてくれるわけではないし、もちろん経費のほとんどは実質的に会津藩が引き受けねばならない。

当時最も京都守護職に適任だったのは越前の松平春嶽であり、譜代筆頭という意味では彦根の井伊家であった。だが、春嶽はハナから京都守護職になるつもりがなかったし、彦根藩は、先年暗殺された井伊直弼に対する攘夷派の憎悪があって不可能。溜間詰大名《たまりのまづめ》でいえば、高松の松平家や岡崎の本多家、姫路の酒井家もあったが、いずれも適任とは言い難かった。

選択肢として残った会津藩が、精強な家臣と幕府への忠誠心を評価されて押し付けられたのが実情である。

政治状況が幕府にとって悪化する中で、その最前線の役職就任を打診されて受けるべきかどうかは、難しい判断を伴う。

マキャベリ流に言えば、「貧乏くじを引くな」ということになる。

役職を受けた以上やるべきことは

筆者は、マキャベリの『君主論』は一つの教訓として読むには面白いが、これを皆が真似たら世の中が成り立たない、という立場に立つ。

「苦しい状況に自ら進んで入っていくな」「悪いことをしようが、見て見ぬ振りをしても、自分の国さえ安泰ならそれでいい」

なるほど、その国（藩）にとっては最良の選択かもしれないが、誰かがその役割を負わなければならず、誰かが「貧乏くじ」を引かなければならないとしたら、その「誰か」は、できるだけ有能で人間的にも信頼できる人物であってほしい。

歴史の結果から見れば、北陸の大藩である前田家をはじめ、政争の渦中に入ることをしなかった大名たちのほとんどが処罰を免れ、逆に会津藩はその民を含めて、明治維新後ですら辛酸《しんさん》を舐《な》めることになった。

この部分だけを取り出せば、容保の決断はいかにも不用意である。

しかし、失敗すればすぐに辞職していた幕末の幕府役人が多い中、京都守護職・松平容保は六年の間その地位にあり、京の治安維持と朝幕間の調整に誠実に対応したことは疑いの余地がない。

もし、中途半端な治安維持しかできない守護職なら、京の政界は殺戮《さつりく》が繰り返され、単なる権力争いの場と化したであろう。権力を握った者を殺せば方針が変えられることを、攘夷派の人間は井伊直弼暗殺で経験しているからである。そうなれば、外国が日本に本格介入する隙を与えていたに違いない。

であるからこそ、のちに憎悪の対象になるほど取り締まりを強化した松平容保の方針に誤りはなかった。

そして、そういう貧乏くじを引いてくれたのが松平容保であったことは、日本全体から見れば、幕末の一つの幸運であったとさえ言える。

ただしかし。

容保と会津藩にとってあまりに過酷な言い方かもしれないが、それでも容保には京都守護職就任にあたって、若干欠けていた点があったのではないかと考える。

役職に就く意味は、出世するとかお金をたくさんもらえるとか、社会的な評価が上がるとか、そんな皮相なものではない。

役職は、ある仕事を遂行するのに必要な権限を与えられる、という意味である。役職が上がるのは、こなすべき仕事が大きく深くなるに伴って、権限が拡大することを意味する。

つまり、役職には責任が伴う。

責任を負った以上、役職者がすべきことは、「どんな仕事をどうこなすか」という目標の設置である。

目標を達成する見通しがないのならば役職に就くな

通常、役職者には従来から与えられているルーチン・ワークと、新たな使命がある。

京都守護職の場合、すでに設置されている京都所司代や京都町奉行では多発するテロや朝幕間の調整に対応しきれないことから、新設されたポストであった。ということは、ルーチンを含めて新たに自らが仕事をつくり出していかなければならない。

これは、容易なことではない。

仕事は、内容と人脈を把握してはじめて実働できるもので、そういう意味では、松平容保は京都政界に直接知っている人間がおらず、当初は苦労の連続であった。

新たな使命は何か。

幕府から命じられたのは、京の治安維持と京における幕府権力の復活である。

もし、松平容保がただの目付や奉行であれば、事態が起きるたびに対応していればいい。しかし、京都守護職にはそれ以上の期待があった。

幕府の本音で言えば、衰えてきた幕府権力を強化するために朝廷を再び操縦できるようにしたい。そして、長州や薩摩など外様大名が京で力を得ることを阻止したいのである。

ここで松平容保に問われるべきことは、はたして容保に目標達成の見通しがあったかどうか、という点である。

役職者は、目標を設置しそれに向かって組織を動かす。目標を達成する見通しがないのならば、役職に就くべきではない。なぜなら、指導者が権力を握って、それを政策目標達成に使わないとすれば、あとは権力を維持するために力が向けられるからである。

もちろん、上から命ぜられて役職に就かざるを得ないことは多い。目標達成の見通しがなくても役職に就かねばならない場合である。

たとえば、玉砕確実な島の司令官に任命されたとする。

勝利は初めから望めない。が、目標を「少しでもここで敵を食い止め、決戦のための時間稼ぎをする」ということにすれば、方策はある。大東亜戦争での硫黄《いおう》島守備隊を指揮した栗林忠道《ただみち》中将は、その典型である。

しかしもし、勝つか負けるかわからない、敵が多いか少ないかわからない、味方が誰になるのかわからない、そんな中で指導的立場に任命された場合の目標設定はどうすべきか。

まず勝つことを前提に、味方を増やし敵を減らすべきである。

松平容保が京都守護職に就任した時点で幕府の力は衰えていたが、幕府は鳥羽伏見の戦いまで間違いなく、日本最大・最強の政治・軍事組織であった。であるならば、その幕府最大の出先機関として、徹底した攘夷派の弾圧とその根幹である攘夷諸藩の壊滅が必要であった。

筆者は、攘夷の是非、また、攘夷諸藩の良し悪しを言っているのではない。松平容保の立場の場合、政治的に必要な措置《そち》は何かを考えている。

容保は、攘夷派に対する弾圧は徹底していた。しかし、攘夷テロの大本《おおもと》である長州藩を攻撃することはできなかった。

容保はその立場と発言力を使って、長州藩に対する早期の攻勢を幕府に建言《けんげん》し、実現すべきであった（長州征伐はその一環であり、第一次長州征討には軍事総裁として参加するが、実戦は行われなかった）。

つまり、容保は権限を拡大するよう政治的に運動し、拡大した権限を行使して、目標を達成すべきであった。

クレマンソー勝利の秘訣

岡村寧次《やすじ》という軍人がいる（最終軍歴は陸軍大将）。

第十一軍司令官として大陸にいた昭和十五年（一九四〇）一月。日中間の事変が解決せずに焦燥感を持っていた彼は、日記にこう記した。

「我が政局動揺するも、次期首班たる者の見込みもなく今や、一人のクレマンソーも無きに似たり」

この時、日本は阿部信行内閣の末期で、日記が書かれた直後に米内《よない》光政内閣が誕生するが、いずれにしても混迷の時期にあった。そして日中戦争の行方もまったく不透明なままであった。

岡村が指摘したクレマンソーとは、第一次世界大戦でフランスを勝利に導いた首相、ジョルジュ・クレマンソーのことである。

クレマンソーは一九一七年、第一次大戦が終わる一年前に首相に就任した。

クレマンソーが首相に就任した時期、フランスは、あわや敗戦かというほどの惨状であった。

フランス領土の一〇パーセントはドイツに占領され、しかもそこには国内最大の石炭と鉄の鉱脈があった。

ドイツ軍はすでに二度も首都パリに攻撃をかけており、パリに砲弾の雨を降らせていた。

クレマンソー首相就任の前年に起きたベルダンの戦いでは、フランス側の死者と行方不明者一六万余、負傷者は二〇万にも達した。ちなみにこの数字は、ベトナム戦争におけるアメリカ軍の損害のおよそ三倍にあたる。フランスがどれほどの苦境にあったたか、想像できよう。

もともと急進社会主義の政治家として、言論・集会の自由を求めて戦ってきたクレマンソーではあったが、敗戦になるかもしれないという危機感の中で、反戦を煽《あお》る者を次々に逮捕拘留し、国内に充満していた厭戦《えんせん》気分を払拭《ふっしょく》しなければならなかった。

だが、それだけでは戦争に勝てない。

クレマンソーはまず、ほとんど週一回のペースで最前線を視察し続けた。そのことで戦場の現実を知り、落ちきった将兵の士気を高めようとしたのである。近代の政治家で定期的な戦場視察を行ったのはクレマンソーが最初と言われている。

クレマンソーはさらに、

「戦争は、将軍どもに任せておくには、あまりにも重要すぎる」

と言って陸軍大臣を兼ね、フェルディナン・フォッシュ元帥やフィリップ・ペタン元帥らを操縦して、ついにフランスに勝利をもたらした。

クレマンソーが国民に呼びかけた言葉が残っている。

る。

「どこにあろうと私の決まり文句はこうだ。内政だって？ 私は戦争する。外交だって？ 私は戦争する。常に、私は戦争をする［略］最後の一五分まで戦い続ける。なぜなら、最後の一五分をわがものにするのは、我々だからだ！」

「私はパリの前面で戦う。パリの市内でも戦う。パリの背後でも戦う」

つまり、講和などあり得ない、勝利するまで戦い続けるのだ、ということである。

一歩間違えればヒトラーだが、これが狂信的な軍事独裁とはまったく異なり、クレマンソー自身が文民として軍を掌握し、効果的に作戦を遂行したことは、歴史が証明している。

岡村寧次が期待したクレマンソーとは、中途半端な妥協をせず、国内で弾圧を伴っても戦争を遂行する体制を整えてほしい、という意味であったかもしれない。

筆者は別の意味で、クレマンソーの存在を評価する。それは、権限を得た上で権力行使をし、勝利に導いた点である。

すでに触れたように、クレマンソーは陸軍大臣を兼任して軍に介入。フォッシュやペタンといった、誇り高き歴戦の将軍をうまく活用しながら最後の勝利を得た。自らの権限をでき得る限り拡大して戦勝という目標を達成したのである。

クレマンソーには、戦争に勝利するという単純明快な目標設定があり、そのための合法的なあらゆる方法を実施したのである。

京都守護職としての苦悩

岡村寧次の言葉を借りて言えば、

「幕末の京に、一人のクレマンソーも無きや」

ということになる。

もしなるとすれば、一橋慶喜がまず候補として挙げられよう。

将軍就任前の慶喜も京にあって、最初は「将軍後見職」、元治元年（一八六四）には「禁裏御守衛総督《きんりごしゆえいそうとく》」として朝幕間の調整を行っていた。京都守護職の松平容保よりも指導者的な立場であり、やるとすれば慶喜が「クレマンソー」として活躍すべきであったが、慶喜は独自の軍事力を持っていなかった。

幕末の京では、軍事力が大きな力となっている。

その点、精強で知られる会津藩兵を率いる松平容保は、軍事力を背景に政治的発言を強め、政治を動かすことが可能であった（現に、長州は京の政治を握るために軍事力で京を制圧しようとし〈禁門の変〉、それを会津藩は薩摩藩とともに軍事力で排除した)。

会津藩は強い。

配下の新選組を含めて会津藩が憎まれたのは、彼らが強かったからである。

その強力な軍事力を背景に、なぜ松平容保は政治的な指導力を発揮しなかったのか。

それは、政治的な目標がクレマンソーのように単純ではなかったからである。

そこで第二の、結果として松平容保が京の政界で徳川を擁護しきれなかった要因は何か、の答えに通じていく。

松平容保は京都守護職として、治安維持、朝幕間の調整、対長州など、様々な活躍を見せる。

だが、幕府からは疎《うと》まれることがあった。

最大の要因は、容保が常に孝明天皇側に立ち、孝明天皇の意思を反映させることが多かったからである。

孝明天皇の立場は明確で、「攘夷は実行すべし。しかし政治は幕府に委任している。過激なテロ行為は好まない」というものであった。

京都守護職は幕府の役職であり、当然、幕府の出先機関として幕府の指示のもとに動くべきである。が、現実にはそうならなかった。松平容保は、主として孝明天皇の意向に従い、行動した。もっと言えば、孝明天皇の意を実現することに全力を挙げた。

「孝明天皇のお気持ちが変わるよう時間をかけて説得」路線

松平容保の立場に立って、若干の説明が必要であろう。

京都守護職はすでに触れたように、京都所司代や京都町奉行だけでは政治テロが抑え切れない、朝幕間の調整ができないという事情があってつくられた。幕府の力は衰え始め、朝廷は幕府人事（京都勤務に限るが）への介入も始めた。朝幕関係は大きく変化していたのである。

朝廷優位の状況の中で、徹頭徹尾、攘夷を主張して譲らない孝明天皇の意向は無視できない。他方幕府では、日々外国人と交渉を通じて国際情勢の変化を実感していた。この期に及んでの攘夷など、論外なのである。

江戸の幕府は、現実的開国通商路線。

京の朝廷は、攘夷貫徹。

政治的力関係では朝廷優位。

となれば、松平容保は孝明天皇の意思を無視できない。

もし容保が完全な幕府寄りの開国通商姿勢を堅持したら、攘夷を求める孝明天皇は容保を信用しなくなり、他に攘夷を実行してくれる大名などを引き寄せたことは想像に難くない。

容保はやがて、孝明天皇の絶対的な信頼を得ていく。

二人の関係は、単に天皇と京都守護職ということに留まらず、個人的な信頼関係にまで発展した。容保が孝明天皇から賜《たまわ》った宸翰《しんかん》（天皇自筆の文書）などに明らかである。なぜ信頼を得ていったのか。

京都守護職に就任前後の松平容保の考え方は、少し詳しく書くと以下の通りである。

「孝明天皇は攘夷を命じておられるが、幕府がそれを実行できない以上、三港以外での通商は拒絶しつつ、時間をかけて天皇のお考えを変えていくより方法がない」

幕府の立場もわかるが、ここは天皇のご意思を尊重し、孝明天皇のお気持ちが変わるよう時間をかけて説得し、その間はなるべく天皇の意に沿うような政策を打つべきだ、という態度であった。

容保は決して、幕府をないがしろにしようとしたのではない。それはのちに、大政奉還に最後まで反対し、幕府権力を護持しようとしたことでも明らかである。

ではなぜ、失敗の第二点である、徳川を守りきることができなかったのか。

実に難儀な徳川慶喜

第一に、「徳川慶喜」という問題がある。

慶喜については研究者の間でも様々な批評があるが、筆者は慶喜の政治的信頼感のなさ、言い換えれば誠実さの欠如について指摘したい。なぜなら、慶喜が揺れ動くためにその下にいた松平容保は様々な影響を受け、結果、容保をして幕府を守ることができなくなったからである。

たとえば。

慶応二年（一八六六）第二次長州征伐の際、慶喜は直前（七月二十日）に亡くなった将軍家茂に代わって「名代《みようだい》出陣」を表明した。自らが将軍の代わりに軍を率いて長州と戦う、としたのである。孝明天皇は戦勝を寺社に祈祷《きとう》するよう命ぜられ、慶喜への全面的な支持を示した。

ところが、九州の一部の藩兵が国許に帰ったことを知った慶喜は、いきなり「名代出陣」を取り消した。

形勢不利と見て、さっさと自分だけ引き上げたのである。

戦勝の祈祷を依頼して旗色《きしょく》を鮮明にした朝廷はもちろん、幕臣たちも唖然《あぜん》とし、戦闘意欲を燃やしていた会津藩では、容保が慶喜へ批難の書面を送り、会津藩兵も露骨に慶喜を嫌悪した。

また慶応三年（一八六七）三月には、いきなり兵庫開港の勅許《ちょっきょ》を朝廷に奏請《そうせい》し、混乱を招いた。兵庫開港については、幕府が薩摩など九つの雄藩に対し意見を求めていたが、その回答が来る前に慶喜は独断で勅許を得ようとしたのである。

慶喜が個人として有能であったことは間違いない。

しかし、騙《だま》し合いの代名詞のように言われる政治の世界でも、「誠実さ」がない人間は絶対に大きな仕事を成し遂げられない。下にいる者が、「この人についていくと、途中でハシゴを外されるのではないか」と思えば、誰も従わなくなるのである。

この点を、会津藩家老の山川浩は、次のように指摘する。

「一橋慶喜卿は資性明敏で、学識もあり、その上世故に馴れているので、処断流るるがごとくであり、すこぶる人望のある人であるが、それは、単に外観だけのこと」

とは、辛辣《しんらつ》である。続けてさらに厳しく批評する。

「志操堅固なところがなく、しばしば思慮が変り、そのため前後でその所断を異にすることがあっても、あえて自ら反省しようともしない」（前掲『京都守護職始末』）

そして、慶喜の指揮を受けなければならないことに対し、「これが実に難儀なこと」と、当時の容保の心境を代弁している。

攘夷が支持されたのは経済に問題あり

徳川を守りきれなかった二点目の理由は、支持なき政治の限界である。徳川の政治が支持を失う中で、松平容保が京にあってできることは限られていた。

徳川が政治的な支持を失ったことの大きな原因の一つは、経済である。

幕末を経済史的に見ると、経済構造が資本主義的に変わり始め、それが封建的な経済と矛盾を深めていた。

もっと噛み砕いて言うなら、それまでの経済原理が通用しなくなったということである。たとえば年貢の現金化が挙げられよう。

それまでは、米を納めさせて米で財政を賄《まかな》っていたものが、商品貨幣流通が発展したおかげで藩は米を一度現金化し、それで財政を賄わなければならなくなったのである。米には相場があり、主として高利貸しなどによって換金されていたが、収支が合わなくなってどんどん赤字が累積していく（坂入長太郎『明治前期財政史――資本主義成立期における財政の政治過程』）。

お金に困って多くの藩が藩札を濫発し、年貢負担を重くした。今で言えば、財政の裏付けなく赤字国債を垂れ流し、その上増税を行ったのである。結果、藩財政は一時的に豊かになるが、民の経済を圧迫して得た一時の栄華であって、長続きするわけがない。

税収を上げるべき農村の疲弊《ひへい》、物価高による町人の暮らしへの影響など、不平不満が溜まっていく。

そこに、開国・通商という変化が起きた。

国民に力のある国であれば、貿易の振興はその国に繁栄をもたらす。現に苦難の末ではあったが、日本経済は明治期を通じて発展し続ける。

しかし、開国当初はまったく様相を異にしていた。

開国したことで外国製品が流入し、また、国内商品が「売れる」ということで品薄になる。生糸や茶、海産物は言うに及ばず、日用品まで値上がりした。

これに政情不安と外国の脅威が重なる。危機が迫れば物品の値が上がるという心理的な意味からも物価が高騰し続け、それに対して幕府は有効な手段を打てなかった。どころか、幕府もまた長州征討での軍事費や諸外国への賠償金、近代的な製鉄所建設費用など、莫大な財政支出を強いられていた。

そこで、攘夷が起きる。

攘夷は今の私たちが考えるほど突拍子もない考えではなく、外国の脅威に対する当時の人々の、素直な反応であった。

農民や町人はもちろん、武士階級のほとんども外国人に会ったことがない。話もせず、正しい情報もない。

そんな中で開国後、物価が異様に高騰した。

庶民や下級武士の生活にとって外国は災いをもたらすものであり、何もありがたくないのである。

京であれだけ傍若無人《ぼうじゃくぶじん》な行動をして、孝明天皇の宸襟《しんきん》（天子の心）を悩ませていた長州藩の人間がその京で根強い人気を保ったのは、彼らが攘夷を実行していたからにほかならない（四国艦隊砲撃など）。

今から見れば、幕府の開国・通商路線は間違いではなかったと言える。しかし、国内的な支持は広がらず、それが引き金になって体制が変わっていくのである。

新政府に入ったかもしれない会津藩

慶応二年（一八六六）は、磐城《いわき》東白川郡の天領で、こんにゃく税に反対する打ち壊しから始まり、二月には越後高田藩で米価高騰による打ち壊し、三月は松代《まつしろ》藩で桑騒動。六月には一万人余が蜂起した有名な武州一揆が起きる。伊予、羽前《うぜん》、陸前、石見《いわみ》、豊前《ぶぜん》、近江、下野《しもつけ》、伊勢、美作《みまさか》など、主なものを時系列で並べても以上のような具合。

この年、江戸期でもっとも激しい民の動きが見られた。

諸藩は外国の脅威とあわせて単独では対策が打てず、当然のことながら幕府との共同歩調を望んでいた。が、肝心の幕府が力を失い、対策が打てない。

それまで幕府を支持していた各藩上層部の世論も、徐々に幕府離れを始めていくのである。

もちろんそれは、幕府を攻撃するという意味ではない。しかし、意識的にせよ無意識にせよ、いつまでも幕府ではない、という空気をつくり出すのである。

戊辰《ぼしん》戦争では、まるでオセロのように諸藩が次々に新政府側に寝返っていくが、その素地はこうした経済の面からも、醸成されていたのである。

さて、時勢は徳川の後退を求めていた。

あえて「交代」とは書かない。なぜなら、戊辰戦争前の段階では、なお徳川には政権に残る選択肢があり、徳川慶喜は正にそこに活路を見出していたからである。

また近年の研究によって、薩長も幕府を完全に討ち果たすという姿勢ではなく、ギリギリまで討ち果たす対象は「桑名藩と会津藩」だったという（家近良樹『江戸幕府崩壊』など）。

松平容保としては、時勢を読んで徳川慶喜の狙いを理解し、それに協力すべきであったかもしれない。

しかし、松平容保は慶喜が行おうとした大政奉還を否定した。その時点で、幕府の代表である将軍・慶喜と、その配下にあるべき京都守護職・松平容保は対立関係になったのである。

皮肉な話で、容保は最後まで「幕府」を守ろうとし、慶喜は早々に「幕府」を見限った。政治的判断とすれば、ここは慶喜の方が正しい。薩長に討幕の密勅が降《くだ》れば、その時点で日本は内乱状態になる。攻撃の理由を与えないために大政を奉還し、その勢いを駆って新たにできる雄藩連合政権の中で徳川が地位を得る。「幕府」はなくなっても、「徳川」は政治勢力として残る……。

筆者は、大政奉還時の容保の選択肢は三つあったと考える。

一つは、慶喜の路線に乗り大政奉還を認め、暴発せずに新しい政権に自分も加わる。実際、会津藩や桑名藩が新政権に入る可能性は高く、そのことを薩長は警戒した。なんとしても幕府側を暴発させようとした一因でもあった。

二つ目は、慶喜が大政奉還をした段階で京都守護職を辞任し国許《くにもと》に帰る。ただしこれは、新政権下で冷遇されることを前提とする。なぜなら、新政権には会津藩が弾圧し続けた長州藩が加わることになっていたからである。

最後の選択肢は、先制攻撃。

大政奉還に反対の立場を貫くのであれば、早々に慶喜を引っ張り込んで薩長を叩くべきであった。

そして叩く以上は、敵の考えもしないタイミングで敵に思いもよらない損害を与えるべきであった。

「するなら勝手にしろ」

ここで第三の、鳥羽伏見の戦いで勝利する可能性はなかったのか、という点を考えてみたい。

鳥羽伏見の戦い自体は、慶応四年（一八六八）一月三日に起きるが、前年十月に大政奉還、十二月に王政復古の大号令（クーデター）と、立て続けに政治状況が変化していった。

大政奉還した徳川を討つというのは、降参した相手に殴りかかろうとするようなもので、会津藩はじめ桑名藩、あるいは上京している多くの幕臣が憤《いきどお》った。会津藩の山川浩は「君辱しめらるれば臣死す、という言葉があるが、今がその秋《とき》である」という徳川旗本たちの言葉を伝えている（前掲『京都守護職始末』）。

徳川慶喜とすれば、ここで相手の挑発に乗らなければ、自分は新しくできる雄藩諸侯による公議政体に参加できると踏んでいた。

現に、その方向に動いていた。

薩長は、幕府勢力を一掃する絶好のチャンスと思ってはいたが、そもそも新政権をどんな財源で動かすのかさえ明らかではなく、いわゆる「大臣」的な役職はできても、それを支える官僚機構はほぼ皆無に等しい状態であった（佐々木克『戊辰戦争』）。

これを徳川慶喜の側から見れば、外国との交渉を重ねてきた経験、長年の政権運営の実績、日本最大の所領など、徳川を頼らずに政治ができるものか、新しい体制でも自分が絶対に必要とされるという自信と見通しを持っていた。

さらに言えば、王政復古のクーデター後ですら、「慶喜自身が上京して辞官納地をするならば、新政権の一員として迎えてもよい」という話が、御所では行われていたのである。

だから慶喜は、二条城に集結していた会津藩兵や桑名藩兵など、暴発しそうな集団を引き連れて京を離れ、大坂城に向かう。ここで騒がれては元も子もない。

この時、在京の徳川方はおよそ一万余。対して、薩長側はその三分の一ほどであった（榎本武揚《たけあき》の書簡等）。

榎本武揚ら幕府軍事部門の責任者たちは、「今戦えば勝てる」と、徳川慶喜に対して進言するが、受け入れられない。慶喜にすれば、あと少しで新政権に参加でき、その中で権力を握れると確信しているのだから、いくら家臣たちが軍事的優位を唱えても聞く耳は持たなかった。

同じ頃、江戸や関東周辺での薩摩藩による暴挙（押し込み強盗や火付け）と、それに怒った庄内藩士らによる薩摩藩邸焼き討ちが大坂城に報じられた。

これで、会津藩、桑名藩はじめ旗本たちの抑えが効かなくなってしまった。

辞官納地のために上洛する予定だった慶喜はなんと、旗本や会津藩兵らの上洛を抑えきれないと知って、自分は上洛をやめてしまった。

「風邪を引いて臥せっていた。もういかぬというので、寝衣のままで終始いた。するなら勝手にしろというような考えも少しあった」（一部意訳。渋沢栄一編『昔夢会筆記』）

慶喜の回顧を読むと、最初はあまりの無責任さに頭にくる。が、客観的な事実（たとえば会津藩や桑名藩を先鋒として入京させる部署決めを行ったり、薩摩藩弾劾《だんがい》の上《じょう》疏《そ》を大目付に持たせて入京させたこと等）を考え合わせると、「風邪を引いて寝ていた」というのは、当時の自分の行動に何らかの嫌悪感を持ち、ゆえに自虐的に話をしているのではないか、という気がする。

奇襲攻撃の最良のタイミング

鳥羽伏見の戦いはよく知られているように、幕府軍側の予期しないタイミングで始まった。幕府軍は京に向かっていた縦列行進の先頭から崩れて混乱し、その後も稚拙な攻撃を繰り返して損害が拡大。さらに錦旗《きんき》の登場によって、薩長側に圧倒された。

この時点で幕府軍側には指揮官がおらず、一体誰がどこでどんな戦いをしているのかという把握がなされないまま、各個撃破されてしまうのである。

鳥羽伏見の戦いで勝利するには、その前年十二月が大きな機会であった。

会津藩兵が在京中に薩長側を攻め、天皇を擁すべきであった。在京最大の軍事力を誇る会津藩に桑名藩兵らが加われば、間違いなく薩長は駆逐できた。そして、戦意が揺れ動く徳川慶喜ではなく、会津藩主・松平容保が指揮官となって戦えば、在京の幕府軍全体が動いたであろう。二条城という、御所のすぐ近くに会津藩兵や桑名藩兵がいたことも大きい。

さらに京は、京都守護職の松平容保と会津藩にとって地の利のある場所であった。

「成功するチャンスは、士気の面でも、兵力の点でも、このクーデター（王政復古の大号令。慶応三年十二月九日）直後の時点しかなかった」

という佐々木克氏の指摘（『戊辰戦争』）は、多くの論者も賛同している。

加えて筆者は、会津藩が在京中に挙兵することの最大の利点は天皇を擁することであったと指摘したい。

昭和十一年（一九三六）。二・二六事件は西南戦争以後で言えば最大規模のクーデターであった。その目的は「昭和維新」であり、政権を転覆して天皇親政の政府をつくることであった。

しかし、クーデターグループは、皇居を制圧しなかった。

天皇と外部の連絡もほとんど不自由がなく、やがてクーデターは失敗に終わる。

この失敗を教訓として、終戦時には皇居にまでクーデター部隊が入り込んだが、天皇ご自身への接触はなく、終戦の玉音盤捜索を主軸にクーデター部隊は動いた。

天皇の声（玉音）ですら、絶対的な力を持っていたのである。

幕末における天皇もまたその権威は圧倒的で、それであるがゆえに幕府側は天皇を擁さなければならなかった。そしてそのチャンスがあったのである。

さらに付け加えれば、王政復古のクーデター直後、薩長の兵が揃っていなかったのは、政治状況が急展開するのに対応が間に合わなかったということと、慶喜の行動から、現段階での薩長への攻撃の可能性は高くはないと見ていたからである。

つまり、奇襲攻撃の最良のタイミングでもあった。

幕末京都の「真珠湾攻撃」はなかった

鹿児島県にある自衛隊の鹿屋《かのや》航空基地。ここは元々、旧帝国海軍の基地であった。

昭和十六年（一九四一）一月下旬。ここで大西瀧治郎少将が源田實《みのる》中佐を呼び、連合艦隊司令長官・山本五十六からの書簡を見せた。

そこには、日米が開戦した場合のことが書かれていた。

「開戦になれば、ハワイ方面の米太平洋艦隊を撃滅しなければ、絶対に勝てる見込みはない。やれたとしても、最終的な勝利の確信はないが、この作戦は絶対不可欠のものである。これが可能かどうか、研究してほしい」（『完本・太平洋戦争』上、源田實「奇跡の成功・真珠湾攻撃」）

択捉島《えとろふ》の単冠《ひとかつぷ》湾からハワイ真珠湾まで三〇〇〇浬《かいり》。およそ五五〇〇キロの距離を、全長二〇〇メートルを超える空母六隻を含む大艦隊が、誰にも悟られずに十二日間で移動。アメリカ太平洋艦隊の拠点、ハワイ真珠湾軍港に停泊する敵艦隊を、航空機によって殲滅《せんめつ》する……。

海軍部内では、真珠湾攻撃そのものについて反対が多かった。北太平洋を通ることについても、南雲《なぐも》忠一長官をはじめ「(冬の荒天によって)艦がもたない」という反対意見が圧倒的であった。つまり、「できるわけがない」というのである。

源田實中佐は、「そこにこそ勝機がある」と見た。奇襲、というのは、相手に「まさか」と思わせなければいけない。攻撃する日本側ですら反対の多い方法、反対の多い航路を通ってこそ、奇襲は成功するのではないか。

さらに。仮に敵に見つかっても、縦二七浬(約五〇キロメートル)、横二〇浬(約三七キロメートル)という巨大な陣形をとり、各艦が離れて進むことで、部隊行動と悟られないような工夫までしていた。

もちろん二条城という、御所にきわめて近い場所にいた会津藩兵たちが、真珠湾攻撃と同じような隠密行動をとる必要性はないが、開戦劈頭《へきとう》に相手に徹底的なダメージを与えれば、少なくとも戦術上優位に立てる。

容保はしかし、政治的勝利を目指していた慶喜に従っていたため、そうした作戦も立てていなかった。

幕末当時の価値観、完全な封建制度の中での慶喜と容保の関係から言って、容保が独断専行しなかったことを責めることはできない。鳥羽伏見の戦いまで戦争を想定しなかった慶喜の麾下《きか》にあっては、無理からぬことであろう。しかし指導者とは、誰もができる判断をする人ではない。

ちなみに米太平洋艦隊司令長官で、真珠湾攻撃の前兆がありながら防衛に失敗したハズバンド・キンメル司令官は、真珠湾攻撃のあと解任された。「常在戦場」ではなかった姿勢が問われた。

いずれにしても、「幕末京都の真珠湾攻撃」は実現しなかった。

「今回のことは、私の過ちである」

鳥羽伏見の戦いは、最終段階（一月六日）でまだ幕府側にチャンスはあった。大坂城での徹底抗戦である。

徳川は依然として日本国の中でもっとも強大な政治・軍事組織のままである。大坂城に籠城《ろうじよう》し、江戸からの援軍を待てば、薩摩など遠国から出兵している連中は確実に息が切れる。そのタイミングで決戦を仕掛ければほぼ間違いなく勝利する。しかも大坂城にいる幕府兵力はこの時二万に達していた。

しかし、徳川慶喜が大坂から江戸に逃げたために、その機会は失われた。

鳥羽伏見の戦い後、大坂城内で評定が開かれた。

「この城（大坂城）たとえ焦土となるとも死を以って守るべし」

と慶喜が言うと、一同は感激。さらに慶喜は会津藩兵に対して、

「たとえ万騎が一騎になっても退くな」と命じた。

舌の根も乾かないその日の夜、徳川慶喜は松平容保たちを連れて大坂から逃げたのである。ここは研究者たちの批難の的となるところだが、当時の幕府軍兵士たちにとってはもっと切実であった。

容保が半ば強制的に慶喜と行動を共にさせられ江戸に戻ったあと、容保は家臣から叱責ともとれる、当時としてはあり得ない問答が記録されている（現代語に訳す）。

「なぜ、今回のこと（江戸逃避）を藩の者に告げず、神保修理《じんぼしゆり》（会津藩家老）にだけ知らせて逃げたのですか。殿がみなの気持ちを理解していないことを、心配しま

す」

「今回のことは、私の過ちである」

慶喜だけ江戸に行き、松平容保を総大将として大坂籠城戦を実現することは不可能ではなかった。が、それができなかったのはなぜか。なぜ容保は、自分だけでも大坂城に残ろうとしなかったのか。

「一月五日の夜、『城を枕に討ち死にしても、最後まで戦え』と言いながら、神保修理に江戸へ逃げることを告げたのはなぜですか」

「天保山沖に慶喜公の船が来ていて、もしかしたら慶喜公は江戸に帰るかもしれない。しかし、仮にそうであっても私は江戸に行くつもりはなかった。だから『城を枕に討ち死にしても戦え』と言ったのである（自分も一緒に戦死するつもりであった）。私は慶喜公に何度も（決戦を）建言したが、慶喜公は江戸に帰られる可能性が高いと考え、白書院にたまたまいた神保修理に、その旨を伝えた。ところが、松平定敬《さだあき》（桑名藩主。容保の実弟）から、『慶喜公が江戸に帰ることに決し、容保と定敬は自分に従え、とのご命令です』と言われた。私は驚いてすぐに慶喜公に拝謁し、思い留まらせようとしたが、逆に怒りを買ってしまった。仕方なく江戸に行くことを老臣たちに伝えようと御用部屋に行ったが誰もいなかった。もし慶喜公に従って江戸に逃げれば家臣からの信頼を失い、家臣のことを思って江戸に行かなければ、慶喜公への義を失う。しかたなく、公（慶喜）を先にし、臣を後にしたのである」

会津戦争は避けられなかったのか

容保の人間としての、あるいは君主としての清らかさが見事に示されているので、あと少しだけ容保の答えを続けさせて戴きたい。

「船に乗ってからも、慶喜公に、『五日の夜、あなたは兵たちに命じられたではありませんか。万騎が一騎になっても城を枕に抗戦しろ、と。大坂城が落城しても江戸があり、江戸で敗れても水戸がある、決して途中であきらめるな、と。それなのにご自分だけ江戸に逃げ帰るとは何事ですか』。慶喜公は、『そう言わなければ、兵たちは発奮しないではないか』と言われた。私は、『そのお答えは理解に苦しみます（此の答えこそ奇怪なれ）。どこまでも戦わんとすればこそ、兵を発奮させる必要がありますが、恭順して江戸に帰るというのなら、なぜ恭順の妨害となるべき激励の命令を発したのですか。そんなことは理屈に合いません』と」

このあとの一言が峻烈《しゅんれつ》である。

「思うに、(慶喜公は)変節を自白することを恥じて、このような曖昧な答えを言われたのであろう」(続日本史籍協會叢書『會津戊辰戰史』一)

こうして、慶応四年(一八六八)一月三日に始まった鳥羽伏見の戦いは、五日夜に徳川慶喜が松平容保と桑名藩主・松平定敬を同道して大坂から江戸に逃げたため、尻すぼみのように幕府側の敗戦となった。

以後戊辰戦争は、東日本を主な舞台として繰り広げられるのである。

次に松平容保の失敗、最後の第四、会津戦争は避けられなかったのかという点に移りたい。

「会津鶴ヶ城の攻防戦は、日本近代史の一大汚点」(星亮一『会津落城』)

幕末の会津について多く描かれている、星亮一氏の言葉である。

死者数千人。藩士たちはもちろん、藩士の家族、少年や女性、そして一般人も巻き込み、ほとんど殲滅《せんめつ》戦に近い戦いであった。

王政復古のクーデター当時、薩長が目の敵にしたのは、徳川慶喜以外で言えば、会津藩主・松平容保(京都守護職)、桑名藩主・松平定敬(京都所司代)であった。幕府側の最強硬派であり、しかも京では勤皇の同志が、多数討ち取られている。

しかし戊辰戦争後、会津と桑名両者の損害は桁が違っていた。

会津藩の戦死者、約二五〇〇名。会津二三万石から斗南《となみ》三万石に。

桑名藩の戦死者、約一〇〇名。桑名一一万石から六万石に。

（水谷憲二『「朝敵」から見た戊辰戦争』）。

会津藩と桑名藩の最大の差は、領地での「本土決戦」があったかなかったか、という点である。

幕府から疎まれ矢面に立たされる容保

桑名藩主・松平定敬とそれに従う勢力は、戊辰戦争を最後まで戦った。が、本領である桑名は早々に城を明け渡し、恭順している。藩主定敬が鳥羽伏見戦の後、徳川慶喜と一緒に江戸に連れていかれたことで、強硬派の藩主が不在の桑名は結果として戦いを避けることになった。

どんな戦いにも目的があり、結果だけを見て是非を問うべきではない。だが、もし被害の大小だけで見るならば、桑名藩は会津藩の悲劇の前哨《ぜんしょう》戦とならずにすんだと言える。

では、会津での「本土決戦」は避けられたのであろうか。

戊辰戦争はよく知られるように、主として東日本が舞台となり、北上するように戦線が移動した。「官軍」は最初その最大の目標を江戸に定めたが、徳川慶喜の徹底した恭順ぶりと勝海舟ら旧幕臣による交渉によって江戸は戦火を免れ、慶喜は一命を救われた。

次の目標として、会津があった。

会津藩は、「ことここに至っては」ということで、何度も重ねて新政府側に恭順の意を示した。

しかし、まったく受け入れられることはなかった。

筆者は、二つの点で会津の無血開城は不可能であったと考える。

第一は、松平容保が京都守護職であったから。

これはよく指摘されることだが、京都守護職として勤皇の志士たちを弾圧したため、弾圧された新政府側は会津を絶対に許さない、という理由なのだが、さらに踏み込んで見てみると、容保の誠実さと政治性の薄さが指摘できる。

少し触れたが、容保は孝明天皇の意思を尊重し、時に江戸の幕府の方針とは異なることがあった。そのため、幕府からも疎まれた。

元治元年（一八六四）七月の禁門の変前に、長州藩士が光明寺に宿舎を借りたいと言ってきた際、寺側はこれを幕府に通報して指示を仰いだ。が、江戸の幕府は何の反応も指示も出さなかった。簡単に言えば、無視したのである。

もし京で騒ぎが起きれば、それは第一に京都守護職である松平容保の責任になる。にもかかわらず、江戸の幕府ではこれを見て見ぬふりをしたのである。

ほかに大きな問題としては、会津藩に対する財政援助の停止など、幕府は嫌がらせという言葉では表しきれない、容保に対する妨害行動をとった。

それによって何が起きたか。

松平容保と会津藩が幕府から浮き上がった存在になった、というだけではない。容保は、幕府からの指示ではなく自分の判断で動くことになり、言い方を変えれば、事態の矢面に立たされたのである。

文久三年（一八六三）に起きた「八月十八日の政変」では、幕府ではなく会津や薩摩の主導によって長州藩を京から追い出した。つまり、長州藩にとって憎むべき敵として会津藩が表面に出てきたのである。もし会津藩が幕府の出兵命令に従って兵を出しただけならば、そして京での政治行動も幕府の指示にただ従っていれば、長州の憎悪はここまで激しく会津には向かなかったであろう。

容保がいま少し政治性を持ち、時勢に従えば、違う結果であったかもしれない。

容保の実兄で尾張徳川家を継いだ徳川慶勝《よしかつ》は、第二次長州征伐に反対し、鳥羽伏見の戦い後、大坂城明け渡しの際には新政府側の代表となり、藩内では新政府に反発する佐幕派を大弾圧して、時流に乗ったのである。

「会津本土決戦」は、皮肉にも容保の京都守護職としての誠実さが大きな遠因となっていたのである。

武備恭順のためにも開城はできない

会津の無血開城が不可能であった理由の二点目は、戊辰戦争勃発後の会津藩の「講和条約」交渉にある。

慶応四年（一八六八）二月四日、鳥羽伏見の戦いの一月後には容保は隠退して江戸から会津に戻り、謹慎した。また四月には、米沢藩の説得で新政府への謝罪条件を詰めている。

しかし。会津が譲ったギリギリの線とは、容保が鶴ヶ城から出る（家臣は残る）ことと、領地の削減であった。完全な開城はできない、というのが会津藩の考えであった。

「武備恭順」

と称される会津の態度は、大東亜戦争終戦時の陸軍とよく似た態度である。

武備は持ったまま、しかし態度としては従います、という。

新政府側にしてみれば、そんな話を受け入れられるわけがない。

なぜなら、軍備を捨てずになおかつ城を出ないということは、状況如何《いかん》で再戦の可能性が高いからである。会津藩の立場から言えば、武備恭順のためには、何としても開城を条件にすることはできなかった。

会津藩は三月に軍を洋式化することを決め、軍の近代化を急いだ。実は会津藩は、容保が京都守護職時代にも洋式化を導入しようとしたが、財政が逼迫《ひっぱく》していたために実現しなかった。

鳥羽伏見の戦いで、会津藩は武器をそれなりに揃えていたにもかかわらず薩長軍に負けた原因を究明して、会津戦争を目前に兵制を変えたのである。

鳥羽伏見の戦いでは、特に老若《ろうにゃく》混成部隊が統一行動をとれなかったことについて反省し、年齢別の部隊編成が行われた。有名な白虎隊は、十六～十七歳の若者によって組織された部隊である。

フランス式調練を行うため旧幕府の担当者を呼び、四月には強硬派の庄内藩と

「会庄同盟」を結んだ。

はっきりしない恭順態度と、武装強化、他藩との軍事同盟。

これで新政府側が納得するわけがない。

案の定、閏四月（慶応四年・明治元年は閏年のため、四月が二度あった）、会津藩恭順嘆願は拒否され、八月から九月にかけておよそ一ヶ月間、会津での本土決戦が行われ、会津は敗戦を迎える。

容保の失敗は全否定されるべきものではない

松平容保の君主としての態度は、平時であれば立派であり、藩祖・保科正之の時代であれば確実に名君と呼ばれる人物であった。

しかし、幕末はあまりにも条件が違いすぎた。

財政悪化、幕府権力の衰退、朝廷の隆盛、外国との交渉、外様大名の政治参加、攘夷運動の激化等々。

容保がもし、もう少し利己的であれば、そして時流に乗ることを恥と思わない不純さを持ち、「家」を守りさえすればいいと考えていたら、生き残った多くの大名たちと同じく、犠牲を出さずに明治を迎えたであろう。

だが、容保は思想信条に忠実であり、また、徳川に対しても天皇に対しても、忠誠を誓って行動した。

他の中に埋もれながら風にそよぐ葦《あし》として生きるのではなく、自ら風に抗して立とうとするならば、彼は単独で立つべきであった。

自らの思想信条が明確である場合、誰かの麾下にあると、信条を全《まつと》うできない場合が多い。

小政党の党首が個性的であるのは、彼らが自分独自の美学や政治信条を持ち、それを守りたいと考えるからである。

しかし松平容保の信条は、小政党の党首が持つようなユニークで時に陳腐な、また最先端の思想信条ではなく、武士として、会津藩主としてかくあるべしという、二百年前の保科正之の教えそのものであった。

松平容保と会津藩の生き方を「時代遅れ」と評するのは簡単である。

しかしもし、幕末のどの藩もみな掌《てのひら》を返すように薩長にひれ伏して、自己保身だけを貫き、マキャベリの理想とする君主であったならば、幕末などというものは知る価値もない歴史になっていた。

松平容保の失敗は最後の会津戦争を含め、多くの犠牲を出してしまった。その反省を踏まえつつも、容保の失敗は全否定されるべきものではない、というのが、筆者の結論である。そうでなければ、忠義や正義、使命を全うすること、あえて火中の栗を拾うことまで否定されてしまう。

要は容保の失敗から、信条を貫くために必要なもの、それは本文で触れた目標設定やクレマンソーに見る権限拡大、チャンスと見れば奇襲攻撃も辞さない決断など、歴史から学ぶことではなかろうか。

ちなみに、松平容保の朝廷内での大きな味方は中川宮《なかがわのみや》で、宮の九男に東久邇宮《ひがしくにのみや》稔彦王《なるひこおう》がいる。終戦直後の首相である。彼はフランス留学時にクレマンソーと親交があり、クレマンソーからの忠告を日米開戦前に要路に紹介したが、反応してくれたのは西園寺公望《さいおんじきんもち》らごく少数であった。

その西園寺公望はフランス留学時代、クレマンソーと同じ下宿で生活をしている。

鳥羽伏見の戦いの際、朝廷内ではこれを「薩長と徳川の私戦」と位置付けようとしたが、西園寺公望は朝廷の関与を強く主張したことで知られる。もし西園寺公望の主張がなければ、鳥羽伏見の戦いに錦旗は登場しなかったかもしれない。

公望は当時、弱冠十九歳。

時代が、変わろうとしていたのである。

第4章

西郷隆盛にとっての、「島津久光」という失敗

西郷の「田舎者」発言に憤然とする久光

上司に恵まれるかどうかということは、組織人である以上常につきまとう悩みであり、それは多くの場合、自分では解決できない課題でもある。

史上、上司に恵まれなかったのに世の中に出てこられた例は、多くない。また、たとえダメな上司でも、それなりに敬意をもったふりをして睨《にら》まれないようにするのが世の習いである。

が、それを真正面から否定した男がいた。

西郷隆盛である。

「あなたはしょせん田舎者だから、中央に出て政治をしようといっても、無理です」

これは西郷隆盛が、薩摩藩の最高実力者である島津久光に実際に語った言葉である（久光自身の回顧による）。

文久二年（一八六二）二月十二日。

島津久光は薩摩藩の兵を率いて上京し、中央で幕政改革を断行しようとした。平たく言えば、軍事力にモノを言わせて改革を認めさせようとしたのである。

久光自身の回顧を元に、当時のやりとりを記せば、以下のようになる（意訳）。

西郷「先君斉彬《なりあきら》公と違って、久光公は地五郎（田舎者）なので、急に中央に出ていっても、天下の大小名を凌《りよう》駕《が》することはできない」

久光「（憤然として）お前を召還したのは国事周旋（この場合「国政の政治改革」）の補佐をさせるためであり、上京するべきかどうか、意見をきくためではない。率《そっ》兵《ぺい》上京は幕府に届け済みで準備も整ったので、近日中に出発する」

西郷「それだけのご決心ならば仕方がない。が、道中諸国の浪人が待ち構えている。浪士鎮《ちん》撫《ぶ》のため先発したい」

久光「よかろう」

主君と家臣の間の会話として、考えられない（久光に会う前、事前の話し合いで、西郷は久光側近である大久保一蔵や中山中左衛門に対しても、「久光公は斉彬公の足のかかとに食らいつくこともできぬ」と言い放っていた）。

前章で触れた松平容保《かたもり》と家臣のやりとり（容保が大坂から江戸へ逃避した理由の質

疑）は、容保側に誤りがあったための問答。やりすぎとはいえ、真摯な容保と信頼を裏切られた家臣の悲痛な美しさがある。主従の絆《きずな》が本来強かったからこそあり得た問答であった。

が、島津久光と西郷隆盛の会話は、苦悩の末の苦しさも、相手を思いやる気持ちも感じられない。もちろん、主従の絆も見えてこない。

久光の述懐が事実だったとして、このやりとりだけ見ていると、西郷が威丈高《いたけだか》になって久光を「上から目線」で馬鹿にし、それを度量のある久光が無礼に耐えながら認める、という図式しか見えてこない。

実際、二人の関係はどうであったのか。

君主であることを忘れ、家臣であることを忘れ

西郷隆盛の主君は、島津斉彬と島津久光であった（正確には久光は藩主になっていないが、在世中は藩の最高実力者であったから、便宜上「主君」を使う）。

簡単に、西郷と二人の主君の関係を見てみよう。

西郷隆盛は文政十年（一八二七）、鹿児島城下・下加治屋町の下級士族の家に生

まれた。十六歳で郡方書役助《こおりかたかきやくすけ》。二十六歳の時に島津斉彬に見出され、庭方役になり、斉彬から可愛がられた。

斉彬は西郷の純真さと誠実さ、加えて、その能力を買った。

上司が部下を育てる場合、その最上の形は、人を紹介することである。

自分がつき合っている者の中で、これはという人物に会わせ、学ばせながら伝達係に使う。

言葉にするとこれだけのことだが、そこには絶対的な信頼感がなければならない。

西郷が庭方役になってすぐ、水戸藩の江戸藩邸に行かされ、そこで藤田東湖《とうこ》に出会う。藤田東湖は当時の学者の中でも際立った存在で、何より、幕末初期の政局の中心であった水戸藩主・徳川斉昭《なりあき》の側近でもあった。

当然、島津斉彬から遣《つか》わされた西郷は、政局に関わる内容を伝えることになる。

斉彬の人物眼はどうやら正しかったようで、藤田東湖と最初に出会ってからわずか四ヶ月後（安政元年・一八五四年八月）、西郷は藤田東湖と時事問題について意見を交わしている。

津田左右吉《そうきち》（歴史学者）は西郷の資質について、「他人の意見を聞きかじって盲信する軽薄さがあり、日本の国策についてしっかりした意見を持った形跡がない。斉彬の明識を理解することができなかった。外交に関する言動はのちまでも浅薄軽《せんぱくけい》浮《ふ》なものであった」（概意。「西郷隆盛論」『中央公論』昭和三十二年十一月号）と断じている。

歴史学の立場からの西郷批判には、西郷の見識を疑問視するものが多くある（井上清、圭室諦成《たまむろたいじょう》ほか）が、全面的には肯定できない。『大西郷全集』はじめ膨大な書簡や発言の記録を見れば明らかだが、島津斉彬の言っていることを理解しないまま斉彬の使者として他藩の藩主やその参謀たちと話が通じるわけがない。

庭方役になった西郷は、身分が低くてもいつでも斉彬と直接会話できる立場であり、斉彬はそれを意図して西郷を庭方役に任じた。

西郷は斉彬から地球儀を見せられながら話を聞くこともあった。

座敷に上がることも許された西郷は、斉彬との様子を次のように述懐している。

「斉彬公にお話を伺い、また議論になると、いつの間にか熱中して公に近づき、膝を交えんばかりになった。私（西郷）は公が君主であられることを忘れ、公もまた、私が家臣であることを忘れるご様子であられた」（西田実『大西郷の逸話』）

内面的な自己を変えてくれたのは

自分にとって良い指導者というのは、自分を認め、能力を引き出し、また能力を上げるためのチャンスを与えてくれて、積極的に活用してくれる人である。

西郷隆盛にとって島津斉彬は、まさにそういう存在であった。

他方、島津久光は、西郷個人にとって良い指導者とは言えなかった。

西郷を認めず、能力を利用しようとはしたが、引き出そうとは考えない。信頼も信用もせず、常に疑い、何かあれば西郷を罰する。

しかし筆者はここで、西郷にとって島津久光が実は、西郷の能力や人間力を養う上でとてつもなく大きな存在であったことを指摘しておきたい。

もし、久光がものわかりよく、西郷を信頼していたらどうなっていたか。

維新は早く起きたのか。

薩摩藩はもっと優位な政治的地位を占めたのか。

西郷にも人間的な弱点がある。

歴史に「もし」は禁句だが、西郷否定派が指摘する西郷の「情熱のまま突っ走る」青さを消してくれたのは、逆説的かもしれないが、西郷にとって嫌な上司であった久光だと筆者は考える。

西郷は主君が島津斉彬の時には、積極的な自己（知識、その結果としての未来予測、他藩の人間との交渉術など）の向上を求められた。主君が島津久光に代わってのちは、内面的な自己（あまりにも純粋すぎる思考、神経質な性格、忍耐力、自分の政治権力を守るための政治力、人間としてのあり方など）の改革を強いられた。

「地五郎」発言のようなまったく必要のない言葉を吐くことが、二度目の遠島のあとは影を潜めた。そしてまるでそれを待っていたかのように西郷に活躍の場が与えられ、時代が西郷を必要とし始めたのである。

服従には大きく三類型がある

島津斉彬は、安政の大獄が始まった安政五年（一八五八）に急逝し、西郷は幕府から狙われていた勤皇僧・月照《げっしょう》の保護を頼まれた。しかし守りきれないと覚悟を決めて、龍ヶ水《りゅうがみず》大崎ヶ鼻沖で月照と共に入水自殺を図る。

西郷だけが生き残り、薩摩藩はとりあえず西郷を大島に潜居させた。安政六年

（一八五九）の一月である。藩としては、厄介払いという側面も大きかった。幕府に逆らう西郷がいることは、薩摩藩にとってマイナスと考えられたのである。

斉彬亡き後、西郷を保護してくれる上司はいなくなった。

西郷が大島から鹿児島に戻ってきたのは、三年後の文久二年（一八六二）三月。本章冒頭で触れたように、藩主・忠義《ただよし》の父であり、実質的に藩の最高指導者であった島津久光が率兵上京を果たそうとした時であった。

なぜ西郷は久光を「地五郎」などと言ってバカにしたのか。

西郷が久光を侮《あなど》った、あるいは嫌った理由は、前藩主であり西郷の「師父」ともいうべき島津斉彬の政敵が、久光だったからである。

斉彬の父・斉興《なりおき》は、長男の斉彬よりも、側室のお由羅《ゆら》が生んだ久光を藩主に据えようと考え、斉彬擁立派を弾圧した（お由羅騒動）。この時西郷家も、また西郷の盟友である大久保一蔵家も、斉彬擁立派であった。

お由羅騒動の時の怨念に加え、斉彬急逝が久光派による暗殺ではないかという疑念があった（斉彬の子、特に男子は、みな夭逝《ようせつ》している）。

斉彬と久光は個人的には仲が悪くなく、斉彬が久光に対して政治上の諮問《しもん》を行っていたことも確認されている。しかし西郷にとっては、久光は怨念の対象でしかなかった。

こうした西郷の「家臣としての性格」、服従する側の性格は、西郷に不幸をもたらした。

服従には、大きく分けて三つの類型がある（中村菊男ほか『現代の政治学』）。

第一に、疎外《そがい》的関与。

与えられた仕事をやむを得ず行う。囚人が強制的に働かせられる、「奴隷としての服従」である。

第二に、打算的関与。

この人の下で働くことが自分の利益になる、と打算的に考えて従う。この場合、自分に利益が少なくなれば、さっさと別の主人を探す。

第三に、道徳的関与。

この人のためならば、苦労もいとわない。献身的で自己犠牲もいとわない服従で、宗教や一部の政治・軍事に見られる。

西郷が先君・島津斉彬に示したのは、言うまでもなく第三の道徳的関与である。だが道徳的関与の最大の弱点は、自分が服従すべき存在が物理的に消滅した場合、何もできなくなってしまう点にある。

第二の打算的関与であれば、すぐに別の、自分に利益を与えてくれるリーダーを探せばいいだけである。

斉彬といういわば「信奉すべき対象」を失った西郷は、家臣として次の選択に迷う。

多くの薩摩藩士にとって、藩主が亡くなれば次の藩主に忠誠を誓えばいいだけの話である。しかも江戸時代は、一見打算的に見える「次の主君への忠誠」を、道徳的行為だと規定した。

そういう社会の価値観の中で、西郷が次の主君に向けて放った「お前なんか、ただの田舎者じゃないか」という言い方は、当時の規範からいって大きく外れていた。

主従最良の組み合わせとは

服従させる側、つまりリーダーのとるべき手法としても、三つの形がある。

第一が、強制的権力。

まさに力による支配で、特に肉体的処罰を伴うものである。

第二が、報酬的権力。物質的利害を操ることで、つまり利益を与えたり奪ったりすることで服従させる方法である。

第三が、規範的権力。尊敬や威信、忠誠を操作することによって服従させる。ここには、人間が本来持っている美徳や美質も含まれると筆者は考える。

服従する側とさせる側の、最もうまくいく組み合わせは、以下の通りである。

第一の強制的権力に対しては、疎外的関与。力で支配しようとする者には、隷属《れいぞく》する家臣が最も有効である。

第二の報酬的権力に対しては、打算的関与。金品や地位で人を利用しようとするリーダーには、金品や地位を欲している、自分の欲望を実現したいと考える打算的な家臣が最もうまく作用する。

第三の規範的権力には、道徳的関与。尊敬に値する人物に対して、私欲を捨てて奉仕する家臣の組み合わせである。

三つの組み合わせは、完全にそれだけということではなく、どの特徴が強いかで組織の色合いが出てくる。

毛沢東やヒトラーといった独裁者が、部下からまったく尊敬を受けていなかったわけではないし（むしろ信奉する者が多かった）、聖将と言われるたとえばドイツのロンメル将軍は、報酬的権力を行使して部下に地位や名誉を与えている。

しかし、島津斉彬と西郷隆盛の主従関係は、規範的権力の斉彬に対し、西郷は道徳的関与で献身している。

ほとんど理想的とも思える関係で、「斉彬公が西郷を召されてお話をされている時は、煙管で灰吹《はいふき》をたたかれる音が平常とは違っていた」と周囲からも思われたほどである。

斉彬とはどんな人だったのかと聞かれた時、西郷は、「自分たちのような者があれこれ言えるようなお方ではないが、あたかも、お天道さまのようなお方」であったと言った。

若干付け加えさせてもらえば、主従が斉彬と西郷のように結びつくことは少なく、しかもこれは側近との間で稀《まれ》に見られる関係である。広く家臣「団」を統率する場合には、報酬を与えたり強制力を組み合わせることによって服従関係が成立する。

強制的に人を支配することは不可能ではないし、独裁者たちが長期間（ヒトラーは約十二年、スターリンは約二十年、毛沢東は約三十年）権力を維持したことも事実である。しかし、隷属した部下は能力を全面的に発揮しない。強権下で目立つのは粛清の対象になりかねないし、好き好んで隷属するわけではないため、リーダーに対する尊敬心は逆転しやすい。

恐怖による支配が国家や組織を弱体化させるのは、隷属が人間の勤労意欲を削《そ》ぐからにほかならないのである。

西郷の増幅される評価、久光の矮小化される評価

では、島津久光と西郷隆盛はどんな関係であったのか。

久光は終生、藩主にはなれなかった。が、藩主忠義の父という立場で、幕末動乱期の政局に活動する。

その大きな動きの一つが、西郷の「地五郎」発言のあった文久二年（一八六二）の率兵上京。兵を率いて京に上り、政治改革を成し遂げようとした。

久光と西郷の関係がよく表れているので、「地五郎」発言後、西郷が島流しになるまでの動きを少しだけ追いたい。

文久二年三月十六日、島津久光、鹿児島出発。十八日、阿久根着。ここで「浪士たちが上方に参集」の情報を得る。

四月六日、久光姫路着。翌七日、海江田信義らより「久光一行を待ち、浪士たちが挙兵」との情報。

久光は浪士と彼らに同調する薩摩藩内の藩士たちを抑えようとする。

同じく「過激派暴発のおそれ」情報を得た西郷が、久光からの命令を破り急ぎ上京。

久光は西郷に「下関で待つように」と命じたにもかかわらず、無視して西郷が上京したことを怒り、西郷の国許送還を決定。

西郷は最初徳之島に、その後さらに遠い沖永良部島《おきのえらぶじま》に流された。

さて、以上の流れだけ読むと、単純に久光が西郷に対して強権発動したように見える。

しかし、以下の点は考慮しなければならない。

第一に、西郷は理由はどうあれ、藩命に背《そむ》いている。緊急事態であることを考慮しても、西郷に暴挙抑制の権限を久光が与えていたとも思えない。西郷の独断であり、統率上、遠島はともかく、何らかの処罰があっても不自然ではない。

第二に、歴史を見る私たちの目の問題だが、久光に対する低すぎる評価が久光をより悪者にし、西郷の行動を全面的に肯定しすぎるきらいがある。

西郷の評価がやや増幅されているのに対し、久光のそれは矮小《わいしょう》化されている。もし久光が凡庸《ぼんよう》なだけの指導者なら、あの時期にわざわざ苦しい藩財政を使ってまで、中央政界に出ていくことは考えなかったであろう。現に薩摩藩内には財政的な理由を含めて上京反対論が根強くあった。

またもし久光が、凡庸だが野心はあるという類いの、つまり組織にとっては有害な指導者なら、周囲は早い時期に久光を何らかの形で排除している。

大久保一蔵や小松帯刀《たてわき》はじめ久光の側近と言われる人々には、なぜか有能な人材が多い。巷間《こうかん》言われるように、久光が能力的にも性格的にも指導者として不適格であれば、彼らが黙って忠義を尽くすとは思えない。もっと言えば、有能な人材が愚かな指導者の下で、統率の行き届いた活動ができるわけがない。

西郷の行動に誤りはないか

先ほど触れた服従の類型で言えば、久光は強制的権力を少なくとも大久保一蔵や小松帯刀らには振るっていないし、小松たちも久光に対して、奴隷が仕方なく従うような主従関係ではなかった。

むしろ「久光を主君として、自分たちの能力を思う存分発揮する」と考えていたふしがある。

ということは、久光には、きわめて有能なテクノクラートたちの上に乗ることができる何かがあったはずである。

私たちは歴史の流れをすべて知る現代から見ているから、西郷隆盛が明治維新の立役者であることを十分理解している。だから、「この時西郷が殺されずに、再度の遠島ですんだのは、久光が、維新の立役者である西郷に遠慮したからだ」と考えてしまう。

だがもし、歴史を知らずに文久二年四月の島津久光に、私たちが立ち会っていたらどうであろうか。

西郷の命令違反を、素直に許していたかどうか。「お前みたいな田舎者が上京したって何もできない」と啖呵《たんか》を切った西郷が、命令を無視して上京したことを併せ考えると、久光の判断も無理無体と言いきれなくなってくる。

西郷が日本を動かす大人物であるとは、この時点では普通考えない。もちろん、諸藩に顔がきき、政治力に長《た》け、多くの同僚・後輩から慕われる人物であることは間違いない。しかしそれはまだ、「天下を動かす西郷」ではなく、「薩摩藩に西郷あり」の段階であった。

そう考えると、死罪ではなく再度の遠島を申し渡した久光の度量に、注目してもいい。

ここで問われていないのは、西郷の行動に、組織人としての誤りはなかったかどうか、という点である。

西郷は、「久光に、この難局が乗りきれるものか」という基本線があった。互いに信頼し合っている主従ならばともかく、互いに不信感を抱き合っているのだから、西郷には慎重さが求められたであろう。自身の身よりも天下のことを優先した西郷の方が、行動合理性があったことは言うまでもないが、久光とのあまりのコミュニケーション不足を筆者は疑問視したい。

久光は西郷を遠島処分にしたあと、薩摩藩内の過激派を寺田屋に襲撃し、討ち取り、捕縛した。西郷への処置と寺田屋襲撃は、久光を「時代遅れの凡庸な強権主義者が、維新の先覚者たちを弾圧した」とレッテルを貼る材料の一つにされるが、角度を変えてみると別の見方もできる。

藩の命令なく、勝手に暴走し挙兵を企てる者たちがいたとする（挙兵の原因は問わないとして）。読者がもし藩を統率する立場にあったならば、暴発を止めるのは判断として誤っていないのではないか。

西郷の命令違反に対する処分は、「『西郷は挙兵を扇動《せんどう》している』という誤った情報に基づいたものだ」との指摘もある。だとすれば、西郷が挙兵を抑えに行ったとわかった時点で島流しの罪を許すべきであった。

なぜそうしなかったのか。

それは、久光が西郷の「命令違反」を咎《とが》めたからである。

理由は何であれ、命令には背くな。

これはたしかに、融通がなさすぎる。緊急時には現地指揮官の判断に任せる、ということを久光はできなかった。繰り返しになるが久光の側に立って言えば、そこまでの任務を西郷に負わせておらず、しかも出発前の「地五郎」発言もあり、信頼できる関係ではなかったのである。

もちろん、感情的で衝動的な処断という面も認めねばならないが。

いったいどれが久光の本当の姿なのか

久光の率兵上京は大きな成果を上げた。当時改革派の旗手と目されていた、一橋慶喜《よしのぶ》と松平春嶽《しゅんがく》の幕府要職起用が決まったのである。

久光は、今の政治体制のままでは国がうまく回らない、と考えていた。それを改めるために幕府の老中たちから、政策の決定権を奪う。そうすれば、よりスピーディーかつ大胆に政策が推し進められる、という構想である。

これは明らかに斉彬の考えがベースにある。つまり久光は、西郷が何と言おうと、斉彬の政治路線を踏襲していたのである。

「幕府の内情も詳しくは知らず親しい知己もいなかった久光および近臣グループの、荒々しい突破力の前に（目的が）達成され、引き続き参勤交代制の大幅緩和などを柱とする文久期の幕政改革を一挙に進捗させた」（家近良樹『西郷隆盛と幕末維新の政局』）

大きな功績を上げた久光だが、彼の藩内における政治基盤は決して強力とは言えなかった。

なにせ繰り返しになるが、彼は藩主ではなく藩主になったこともないのである。封建時代の大名家において、これは見過ごせることではなかった。

そこで久光は政治基盤強化のために、最大の抵抗勢力である島津一門の人事刷新を行った。主要な役職から一門を除いて、そこに新たな人材を配置するのである。久光の指名によって抜擢されれば、久光の基盤になる。人事を掌握することで久光は大きな力を得ていく。

この時登用された主要メンバーが、小松帯刀や大久保一蔵、堀次郎、中山中左衛門らであった。

また、西郷隆盛を盟主とする「誠忠組《せいちゅうぐみ》」からも人材が抜擢された（のちに寺田屋で殺される有馬新七もいた）。「誠忠組」が藩内で無視できない勢力であると同時に、彼らが門閥と関係なく政治意識が高いということも、久光の興味をひいた。

久光の最初の意思表示といわれるものが、安政六年（一八五九）十一月の誠忠組に対する諭告書である。藩の正規機構を無視して藩主の父から直接藩士に下賜《かし》された異例のもので、内容は「藩を挙げての国事周旋」であった（町田明広『島津久光・幕末政治の焦点』）。

誠忠組はもともと、斉彬を藩主に擁立することを目的とした政治集団で、久光にとっては「敵方」の組織である。しかしリアリストの久光は、自分の政治を行うのに必要な勢力だと判断し、取り込みを図ったのである。

どうも、わからなくなってくる。

頑迷固陋《がんめいころう》、頭の古い島津久光。

門閥を打破し、身分を超えて人材を積極登用する改革者・久光。

強権的で、西郷のささいな命令違反も許さない偏屈《へんくつ》者。

西郷を盟主とする誠忠組を重視尊重し、もう一人の盟主である大久保一蔵を側近にする久光。

国政の未来など考えたこともない男。

幕政改革を大胆に進めた男。

いったい、どれが久光の本当の姿なのか。

政治の矢面に立つ久光

久光の真の姿は、頑迷固陋さを持っていながら、現実に政治を動かすために優先順位をつけることのできるリアリストである、と筆者は考える。

ただし。

先代藩主・島津斉彬と比較すれば、久光は保守的な政治家に見られてしまう。当時の大名二六〇余名中、ずば抜けた革新派である斉彬と比較すること自体が、無理なのである。

すでに触れたような藩内での改革、あるいは上京して国政改革を行うため藩内に出兵反対があっても断行した久光の決断力は、もっと高く評価されて良い。

では、久光に失敗はなかったのか。

久光は門閥政治を打破して、自らが政治の矢面《やおもて》に立った。そのこと自体は勇気ある行動と言える。しかし政治の先頭に立った瞬間から、久光は「薩摩藩の代表者である島津久光」から、「島津久光という、薩摩藩の代表者」になった。もっとわかりやすく言えば、薩摩藩がやったことはすべて島津久光がやったことになり、政策決定の責任から逃げられなくなったのである。

たとえば幕末の長州藩で、藩主の毛利敬親《たかちか》は直接注目されず、長州藩の行動が必ずしも藩主の意志を反映したものとは受け取られなかったことと、好対照である（むろん、長州藩も藩命は藩主によって命ぜられるものだが、政策意志の所在は、多くの場合藩主ではなかった)。

結果、何が起きたか。

尊敬も、また憎悪も、すべて島津久光に集中することになったのである。

江戸時代の大名たちは政策決定から外れて、世継ぎを生み育て、家臣の神輿《みこし》に乗ることを目指した。藩主は象徴であり、実際の行政は家臣団が行う。官僚たる家臣がしっかりしていれば事足りた。

しかし幕府の力が衰えるとともに、経済構造の変化や自然災害などが重なって諸大名家の財政も苦しくなり、そこに外国という新たな要素が加わることで、藩の官僚だけでは政治が正常に機能しない恐れが出てきた。

そこで、それまで権威の象徴でしかなかった藩主の中でも、能力があって意志を持つ大名たちが親藩・譜代・外様を問わず中央政界に進出し、政治を動かそうとしたわけである。

徳川斉昭、一橋慶喜、松平春嶽、伊達宗城《むねなり》、山内容堂、黒田長溥《ながひろ》、島津斉彬、そして島津久光。

彼らは自分で意志を持ち、政策を決め、その実行を家臣に求めた。つまり、政策決定に関与するという一歩を踏み出したのである。

君主制が「君臨すれども統治せず」という結論を持ったのは、実際の政治に関与させないことで王朝を守り、それをもって国家社会の安定を期したのである。君主が政治の表面に立てば、うまくいっている間はいいが、失敗すれば君主への批判はもちろん、君主制そのものへの批難に通じるのである。

動機によるリーダーの分類

そこで、政治に関与し矢面に立つ君主は、以下のことを守り実行しなければならない。

第一に、政策を誤らない。

当たり前のようだが、選挙によって審判を経ない君主や指導者は、リセットがきかない。つまり、誤った政策のまま突き進む可能性がある。ゆえに、細心の注意を払って正しい政策を遂行しなければならない。

どうすれば良いのか。指導者の動機面にヒントがある。

D・G・ウィンターとA・J・スチュワートは、動機によってリーダーを分類した。

第一は、親和動機の高いリーダー。他人と仲良くなりたいとか、協調性を求めるリーダーである。

第二は、権力動機の高いリーダー。他者に影響を与えたい、世界に影響を与えたいという欲求がある。責任や地位を与えられることを喜び、権力闘争を苦にしない。

第三は、達成動機の高いリーダー。自分の成果を評価されたい、仕事を高く評価してほしい。

親和動機の高いリーダーは、自分と似たようなメンバーで仕事をしようとする。気の合う者同士で仕事をする。

権力動機の高いリーダーは、他者に影響を与えたいという欲求を実現するため、より多くの意見を求め、多くの支持を得ようとする。そのため、自分と異なる考え方の助言者を求める。

達成動機の高いリーダーは、とにかく仕事で成果を出すことを第一に考えるため、専門的な立場からの助言や助力を求める。

D・G・ウィンターらによれば、権力動機が高く親和性が低い、つまり他者に影響をおよぼすため、積極的に自分と違う意見の者を採用し、茶坊主をつくらないことが良いリーダーとしての業績に結びついている、という。

久光には、後年、親和動機と権力動機が矛盾を含みながらきわめて強く出るが、幕末にはまだ、権力動機の方が大きく、リーダーとして成果を残す素質は十分にあった。

大久保一蔵や小松帯刀は、西郷のように露骨に久光を蔑《さげす》むことはなかったし、反対意見をわざとぶつけることもなかった。かといって久光が命じたことをただ黙って推進したのではなく、必要に応じて久光に助言をし、久光もそれを受け入れている。

遠島になり事実上政治生命を絶たれた西郷の復帰を、必死になって久光に説き、久光もそれを受け入れたことが何よりの証拠である。

では、他者に影響を与えたいという権力動機が大きく、自分にきちんと意見具申してくれる側近を持つ久光に、足りなかったものは何か。

それは、久光個人のある資質に起因する。

岸信介にあって、島津久光にないもの

政治指導者に求められる性格上の資質として、親しみやすさと威厳がある（中村菊男『政治文化論』）。指導者は、たとえいかなる時代のいかなる組織、制度のもとであれ、人から好かれることが大切である。

恐怖政治を敷いた皇帝や独裁者でも、必ず部下や支持者たちから好まれたエピソードが残されている。まして封建時代の普通の大名であればなおさら、親しみを持たれた逸話が残っていてもいい。

しかし久光の周辺を調べても、ほとんどそうしたエピソードが出てこない。封建時代の殿様に親しみが必要かどうか微妙ではあるが、幕末期には藩主の交際範囲が劇的に拡大した。西郷がそうであったように、君主クラスと他藩の藩士や学者が面会する機会は、それ以前と比べ格段に増えた。

地位ではなく、人間そのものが問われるような環境になっていったのである。だからこそ、相模屋政五郎が山内容堂に感じたような親しみ、人間が人間に持つ

原始的な「好意」が、政治上必要不可欠になってくる。

また、威厳も必要である。

「すぐれた政治指導者は、威厳（権威・勢威）の持ち主でなければならない。会った瞬間において相手をして畏敬の念をいだかしめるようななにものかをもっている」（中村菊男『政治文化論』）

そういう人物でなければならない。

この「親しみ」と「威厳」は一人の人間に同居し得るのか。

こんな例がある。

岸信介と佐藤栄作は実の兄弟で、ずっと同じ選挙区から出馬していた。つまり地元は同じなのである。ある時、地元の幼稚園で行事があり、岸と佐藤は同じタイミングで幼稚園に到着した。

すると、何が起きたか。

園児たちはみな、岸の方にワーと集まり、佐藤には近づかなかった。

もしかしたら岸が何か面白い仕草をしたのかもしれないが、岸と佐藤を象徴する出来事ではある。

一方、政界を引退したあとの老境の岸に会った人の感想がある。

「三十分ほどの面談の間、何も知らなければどこにでもいる温和な老人そのもの、といった対応をしてくれたにもかかわらず、表現しがたい風圧に体はこわばり、手のひらにはじっとり汗が吹き出していた」（伊藤惇夫『政党崩壊』）

温和で、一見親しみやすくも、なぜか圧倒される。

それは、岸の履歴を知った者の勝手な反応かもしれない。しかし筆者の少ない経験で言っても、温顔なのに背筋を伸ばさなければいられない総理経験者も、また、チープで軽い感じしか受けなかった総理経験者もいた。

地位のある、あるいは人間的に尊敬できる人物が親しみをもって接してくれることは、相手にとって感激度が違う。さらに、親しみのある人物であるにもかかわらず、「風圧」のようなものを持っているからこそ、落差に魅力を感じるのである。

もし久光に親しみと威厳があれば、はたして西郷はあのような暴言を吐いたであろうか。言ったところで何にもならない無用の発言。言う側の問題と同時に、それを平気でぶつけられる久光の側の問題、「親しみと威厳」の欠如があったことは、政治的手腕に優れていただけに、久光の残念な面と言わざるを得ない。

傲岸不遜ではなかったド・ゴール

政治家や指導者に、重みがなくなってきたと耳にする。なので、あと少しだけ「威厳」について触れさせていただきたい。

「冷淡で小うるさく、処置なきまでに自己中心で、どうにもこうにも仕様のない男」

「頑固で、意志的で、自信のかたまり」

これは、島津久光のこと、ではない。

アメリカのリチャード・ニクソンが、ある人物についての印象を記したものだ（リチャード・ニクソン『指導者とは』）。

その人物、シャルル・ド・ゴール。

フランスの陸軍准将《じゅんしょう》だったド・ゴールは、第二次世界大戦でフランス敗戦の寸前にイギリスに亡命し、ナチスドイツに事実上支配された祖国解放のため、亡命政権である「自由フランス政府」をつくり、戦い抜いた不屈の闘士である。

戦後は「第五共和制」と言われる、独裁色の強い政権を樹立して、英米ともソ連とも距離を置き独自の存在感を世界に示した。

生涯三一回も命を狙われ、フレデリック・フォーサイスがド・ゴール暗殺未遂事件をモデルに『ジャッカルの日』を描いたのは有名な話である。

共にナチスドイツと戦ったチャーチルやルーズベルトも、ド・ゴールの頑固さには手を焼いた。

ニクソンのド・ゴールに対する印象は、そうした一般的な欧米人の抱く印象でもあったが、ド・ゴールに会ってその印象が誤りであったと述懐する。

「巨躯《きょく》の人からは想像もできないほど、身のこなしが優美だった」

ド・ゴールは、六フィート四インチ（約一九三センチメートル）あった。

「私（ニクソン）が新聞記者や外交官から聞いていた傲岸不遜《ごうがんふそん》とはまるで異質の人だった。非常に親切で、そのうえちょっと形容しがたいシャイなところがあった（略）やさしいと言っていい」（リチャード・ニクソン『指導者とは』）

同じような印象を、岸信介もド・ゴールに感じた。

「ド・ゴールという人を、不撓不屈の軍人というか、いかめしい、厳しい人のように想像していた。しかし、会ってみるととても物やわらかな、やさしい感じがしたのは意外だった」（岸信介『二十世紀のリーダーたち』）

ニクソンはアメリカの政治家としてド・ゴールとは意見を異にすることが多かったし、岸は台湾問題でド・ゴールとやり合っている。そういう関係でありながら、二人に与えた印象が酷似しているのは、ド・ゴールの持つ一面の真実なのであろう。

威厳を持つためのやさしさ

「ド・ゴールの身の回りには常に静寂と堂々たる威厳があり」（リチャード・ニクソン『指導者とは』）

ニクソンは、ド・ゴールに圧倒された思いもつづっている。

親しみ深いだけではない、ド・ゴールの権威（威厳）。

ド・ゴール自身はその権威（威厳）について、

「指導者たるものは、部下を心服させ自己の権威を確立しなければならない」

その権威や威厳というものは、指導者の感情、暗示、印象から発し、生まれながらの才、生れながらの個性などに支えられる、という。

中村菊男教授によれば、威厳には先天的な威厳と、後天的な威厳がある。

生まれながらに持っている場合と、社会的地位や財産、英雄的行動や大きな業績によって生ずる場合もある。

ニクソンや岸が感じたド・ゴールの「やさしさ」とこの「威厳」は、どう解釈したらよいであろうか。

やさしい、というのを定義するのは難しいが、少なくとも自分に向けた感情ではない。自分にやさしい、というのは、自分に甘いということと同義である。

では、やさしいとは何か。それは、明らかに「他人に対して」である。

他人に対してやさしいというのは、自分を犠牲にして相手のために何かを行うことである。利己的ではない。

威厳や権威を裏付けるのは、この他人に向けられるやさしさだと、筆者は考えている。

幼い頃から威厳がある、という場合、その人物が利己的でわがままでも威厳は保てるであろうか。そんなことは不可能である。子どもの頃から威厳が備わっている人は、同時に他人に対して尋常ならざるやさしい眼差しがあり、平たく言えば、「弱きを助け強きをくじく」人でなくてはなるまい。

弱者に対するやさしさなしに、威厳や権威など保てない。多くの独裁者がエセ権威を振りかざして国民を苦しめ、化けの皮が剥《は》がれて惨めな最期を迎えるか、あるいは死後に墓を暴かれたりする。それは、真のやさしさを持っていなかったからである。

ド・ゴールには、アンヌという末娘がいた。彼女は生まれながらに言葉を発せられなかった。施設に預けるよう勧める友人に、ド・ゴールはこう言った。

「あの子は、自分から望んでこの世に生まれてきたわけではない。アンヌを幸せにするためなら、われわれ（夫妻）はどんなことでもする」

あの謹厳なド・ゴールだけが、アンヌを笑わせることができたという。

アンヌは十九歳の若さで亡くなったが、夫妻の愛情をあふれんばかりに注がれた。

筆者は、ド・ゴールが近づきがたい威厳を保ちながら部下から絶大な信頼を得た理由を、有能な軍人だったからというのではなく、その精神の基礎部分に、人間に対する愛情、部下や弱者に対する慈《いつく》しみがあったからだと感じる。

明治期にも続いた西郷への圧迫

島津斉彬は、思いやりのある主君であった。

安政四年（一八五七）、二十九歳の西郷は斉彬の密命を帯びて江戸へ向かった。一橋慶喜を将軍の後継にする工作を行ったのである。この時西郷は、将軍家定夫人となっていた篤姫《あつひめ》に相当な働きかけを行っている。こうした行動が薩摩藩内で「やりすぎ」との批判が出た。すると斉彬はすぐに幕府に建議し、慶喜を将軍世子《せいし》にすることを公然と求め、批判のあった西郷の行動を擁護したのである。

「自分も一橋慶喜公を将軍継嗣《けいし》とすべき、と考える」

これで、藩内の西郷批判はピタリと止んだ。

西郷はこのことを知って、号泣したという。

西郷に裁量権を渡さず、命令違反だと言って遠島にする久光との違いがはっきりする。が、それでも筆者はなお、久光を指導者として徹底的に否定できない。たしかに久光は、斉彬のような人格者ではなかったかもしれない。だが、威厳がなくても、人格者ではなくても、やさしさはあまり示さなくても、目標に向かって全力を尽くす指導者は評価をすべきである。

島津久光は、そういう人物ではなかったか。

久光は、文久二年（一八六二）四月、文久三年（一八六三）の三月と十月、慶応三年（一八六七）四月、都合四回上京しているが、いずれも大きな政治活動を目的とし、そのほとんどを成功させている。

それでも後世評価が低いのは、西郷隆盛というとてつもない英雄を敵に回したからである。

久光には、後世からも嫌われる要素があった。

久光は相当に粘着質であったようで、明治期に入ってからも久光は側近を上京させて、西郷の中央での役職の退職と帰郷を求めさせた。理由はいろいろあるが、簡単に言えば「気に入らない」のである。こういう行動も、久光の幕末における功績をより小さく見せる結果になった。

久光が今少し、西郷の境遇に上司としてのいたわりをもって接していたら、西郷のように情感豊かな人物は、その態度を変えたかもしれない。

家臣と同じ官位を拒絶

上司が部下をいじめたり牽制する時は、部下が上司よりできるケースがある。喧嘩はレベルが同じだから起きると言われている。つまり上司が部下よりも高みにいれば、喧嘩にはならない。

久光は、自身の政治的成果に自信を持っていた。それが西郷に対するイラつきの原因でもあった。言い換えれば久光は、西郷と対等な立場で、あるいは同じ高さの目線でつき合っていたことになる。

久光にしてみれば、主君の言うことをきかない生意気な家臣を懲《こ》らしめたくなる。その気持ちも、わからないではない。だが、西郷が家臣として劣っていて、いつも久光の邪魔をしているならばともかく、西郷は結果的に久光が成功を収めるために働いたのである。

そんなことは家臣として当たり前だ、という久光の声が聞こえてきそうだが、そういう部分が狭量と言われるゆえんである。

西郷と久光の関係は、明治期に入ると、修復不能な状態に陥る。

西郷は戊辰戦争後、鹿児島で藩政改革のために家老にあたる「参政」に就任した（五人のうちの一人）。

課題の一つに、戊辰戦争に参加した中下層士族の処遇をどうするのか、という問題があった。

西郷は、島津一族の私領地や家格を廃止する一方、外城士《とじょうし》（郷士《ごうし》）を城下士と同格に、陪臣は直臣に取り立てるなど、中下層士族の優遇政策を推進した。

そういう優遇政策が起爆剤になったかどうかはわからないが、中下層士族たちは藩に対し、さらなる門閥打破や人材登用を要求してきた。

久光は激怒した。「驕傲《きょうごう》圧倒の気味これあり」

そして、中下層士族たちの背後に「西郷あり」とみて警戒したのである。

明治二年（一八六九）六月、島津久光父子と西郷へ、同時に叙位と賞典禄《しょうてんろく》の下賜が発表された。これがまた問題を引き起こす。

久光、権大納言従二位。忠義、参議従三位と一〇万石の永世下賜。

西郷は永世賞典禄二〇〇〇石。

翌月久光はただちに、「賞典禄及び位記の拝辞を具申」。そしてなんと、「藩士の分も同様に」と書き添えた。

私たちも辞退しますが、家臣（特に西郷）の分も辞退させていただきます、と送ったのである。

続いて九月、西郷に、藩主忠義よりも上の正三位という官位が与えられた。

もちろん久光父子は、「自分たちも、西郷の分も、辞退します」とした。

久光は西郷を認めていたが、西郷は……

明治五年（一八七二）六月、天皇は鹿児島行幸されたが、その際に供奉《ぐぶ》していた西郷が久光にご機嫌伺いに来なかったことを、久光は激しく批難した。

西郷は同年十一月、謝罪のため鹿児島に帰らざるを得なくなる。東京に戻れたのは、翌明治六年（一八七三）四月であった。

久光は、西郷を認めていなかったのであろうか？

それが、そうでもない。

明治三年（一八七〇）八月、西郷は藩の大参事、藩庁の最高責任者となった。藩の首脳たちが久光父子に遠慮をし、結果、藩政がうまくいかなかったため、西郷を起用することになったのである。

西郷は毎日藩庁に出勤し、藩政を改革していく。

最終的に西郷起用を認めたのは、久光である。

久光は西郷の手腕について渋々ながらも認め、彼を使うことに同意しているのである。

廃藩置県の際も、久光は「西郷が、廃藩置県の話が出た時、その話に乗らなければ実現していないだろう」と家臣（桂久武《かつらひさたけ》）に書き送っている。久光が西郷の実力を認めている証拠でもある。

だいたい、久光が西郷の能力を否定していたら、遠島を許して再び政治参加はさせなかったであろう。好きではないが、能力を認めていたのである。

筆者は、（1）島津久光が凡庸な人物ではない、（2）西郷にも問題がある、（3）久光はやりすぎだが西郷を認めてもいた、という話を述べてきた。

そこで一方の西郷隆盛に話を移していきたい。

疑問なのは、大人物であり度量が大きく、人心掌握にすぐれた西郷がなぜ、久光に対してうまく立ち回れないのか、という点である。

これは第一に、西郷の政治信条の問題があり、第二に、下級士族を思う西郷の政策に原因がある。

戊辰戦争までは第一の政治信条によって、西郷は久光との間に壁をつくってしまった。戊辰戦争後は、第二の、下級士族への思い、下級士族救済の政策によって、久光に対する価値が相対的に下がったことが原因と考える。詳しく見ていきたい。

艱難を共にできる主従関係とは

第一の政治信条は、西郷自身の言葉が残っている（意訳）。

「政治制度などを論じても、一流の人物でなければ制度はうまく回らない。まず立派な人物があって政治はきちんと行われるのであって、立派な指導者こそが宝である。自分がそういう立派な人物になるという心がけが必要である」（山田済斎《せいさい》編『西郷南洲遺訓』この項、以下同）

制度やしくみよりも、まずは人物である。指導者が立派であれば、制度はうまく回る。指導者がだめならば、いくら良い制度をつくってみたところで意味がない、というのである。

制度よりも人、というのは、西郷自身がそういう指導者であり、そういう行動をとってきたからにほかならない。

たとえば軍事的にこんな例がある。

江戸無血開城時、勝海舟に全幅の信頼を置いて、少人数で江戸城に乗り込んだ。新政府軍側では、西郷が少人数で江戸城に乗り込むことに反対論が出た。少人数で行けば、戦意の残る旧幕臣たちに殺されるかもしれない。それでも西郷は強行し、悠然と江戸城を開城させた。圧倒的な大軍で占領するというセオリーをあえて破り、徳川方の戦意を呑み込んだのである。

しかし。

これを西郷の超人的な能力、あるいは英雄的行為として受け入れることに、若干の危惧を感じる。制度は人間の不完全さを補う有効手段だから、それを軽視することは危険である。無謬《むびゅう》の人間などいるわけがない。

ところが西郷は自分を含め、指導者に無謬を求めた。

「指導者は、すこしでも『私』を挟んではならない。心を公平にし、正道を踏み、賢人を広く求め、その職に適した人に政務をとってもらうのが天意だ。だから、『この人物は適任だ』と思えば、すぐに自分の職を譲らねばならない。たとえ国家に勲功がある人でも、適任でなければ賞してはいけない」

つまり、職にしがみついているような無能者は、指導者として不適格だという。

「指導者は、己を慎み、品行を正しくし、贅沢をせず、倹約に努め、仕事に精を出して人々の見本となり、人々から気の毒に思われるほど働かなければ、人はその政治に従ってはくれない」

倫理的に正しい人でなければ、良い指導者にはなれないという。

「それなのに、いまあたらしい国つくりが始まろうとしている時、大きな屋敷に住んで着飾って、愛人を囲い、蓄財しているようでは、維新の理想的な政治はできまい。戊辰戦争も一部の者の私欲を満足させる結果となり、天下に対し、戦死した戦友たちに対し、申し訳が立たない」

維新後に顕官《けんかん》たちが大名屋敷に住んで、贅沢三昧の暮らしをし、しかも業者と関係して金銭の授受を行ったことなどを批難している。

西郷は新政府の高官になった後、「洗った着物が乾かない」、と言って会議に遅れたことがある。余分な着物を持たなかったということらしい。

賄賂政治が良いわけがないが、しかし西郷のように極端に清貧であることを他人に強制するのは、無理がある。しかしそういう清貧で滅私奉公の人であらばこそ立派な指導者になれる、というのが西郷の「政治」信条であった。

「命もいらず、名もいらず、官位も金もいらぬ人は、仕抹に困る。しかしそういう人でなければ、艱難《かんなん》を共にして国家の大業は成し得られない」

有名な一節であるが、この中の「艱難を共にして」という部分に、西郷の「立派な人物に、己を捨てて仕える」、艱難を共にする主従関係の理想が込められている。

鹿児島県令に志願した久光

西郷にとって久光は「地五郎」。おそらくは本来の語意である「田舎者」ではなく、「無能者」だと断じ、その無能者が権威を振りかざし権勢欲を持つことを、生理的に受けつけなかった。

こんなこともあった。

版籍奉還に続く廃藩置県で、殿様たちは完全なお飾りになった。日本中ほとんどの大名家が、不安や不満を持ちながらも新政府の方針に従ったのに対し、久光は抵抗した。

とはいっても、まさか軍事的に政府を威圧するわけにもいかなかったから、まずは邸中で花火を揚げるという児戯《じぎ》のような鬱憤《うっぷん》ばらしをした。

これだけならば単なるエピソードで終わるが、久光は明治四年（一八七一）十二月、鹿児島県令への就任を志願したのである。

大名がだめなら、県令にせよ……。

もしこんなことを認めたら、他の大名たちがみな県令を志願し、大名が政治的な力を保持し続ける事態になる。許容できるわけがない。

西郷たちは久光の「県令志願」の建言書を持ってきた者を説得し、提出を断念させた。

地位と権力を欲する久光と、それを嫌悪する西郷では、到底交わることはできなかったのである。それが、西郷が久光のもとでうまく立ち回れなかった第一の要因である。

誰もが西郷になれるわけがないし、人間は所詮《しょせん》、私心に大きくとらわれる。権力欲も野望もある。

そもそも政治の世界で権力欲のないものが、政権を握れるわけがない。問題は、権力を握ることが目的になってはいけない、ということ。何事か、世の中を良くするために権力を得る。それが健全な政治であろう。現に西郷は権力を握ったからこそ、幕末の動乱を乗り切ったのである。

もっとも、西郷自身は意識的に権力を求めてはいなかったかもしれない。それがまた、西郷を神秘的な英雄と感じさせる要因の一つになっている。言い換えれば、西郷は自分が望んだのではなく、時代によって見出された人物だったのである。

父性の政治と母性の政治

西郷がなぜ、久光に対してうまく立ち回れないのか、その原因の第二が、下級士族を思う西郷の政策である。

明治四年（一八七一）七月に廃藩置県が行われたが、西郷は封建的な主従関係や社会システムを全面的に否定したわけではない。このあたり、大隈重信や森有礼《ありのり》といった、欧米を見本とした近代化を積極的に推進する人々との違いがある。

西郷が廃藩置県を容認した要因の一つとして、「膨大な数にのぼった鹿児島士族の給与を保証することが薩摩藩一藩の力では難しかった」（家近良樹『西郷隆盛と幕末維新の政局』）ということがある。薩摩藩は人口のおよそ二五％が武士階級で、二〇万人を数えた。この比率は他藩の平均の五倍に相当する。

幕末から戊辰戦争にかけて命を失った同志や部下、そして共に戦った戦友たちを、西郷は自らが理想と考えた指導者像に従って保護しようとした。

西郷の政治家としての本質はどこにあるのか。

政治には、父性の政治と母性の政治がある。

たとえば、外国からの侵略の危険性を感じたり、治安が不安定だったりすると、国民は力強い指導力を発揮して危機を乗り越える「父性」の政治を求める。

また、国内経済が疲弊《ひへい》したり、社会保障の充実を求めたりする場合には、「母性」の政治を望む。

国民はその時々で父性の政治を求めたり、逆に母性の政治を願ったりする。

西郷の持つ政治家としての資質については、父親的なリーダーシップを指摘するものが圧倒的である。いわく、幕末の薩摩藩を率いて維新を実現させた人物。いわく、様々な困難を乗り越え、日本の危機に立ち上がった英雄。

西郷は「大きく叩けば大きく響き、小さく叩けば小さく響く」鐘のような人物だと坂本龍馬が評した。これは従来、強く頼めば大きな仕事でもやり遂げてくれる人物、という「大きな」に力点を置いて解釈されていた。筆者は、「求めに応じて、左右大小関係なく、どんなことでもやり遂げる」と読む。

一人の人間がいくつもの顔を持つことはあるし、英雄と呼ばれる人は複雑な心理を持っているものだが、それでも突き詰めていくと一つの「性質」は存在する。陽気とか楽天的とか、細やかとかやさしいといったものである。

だが、性質だけでは仕事にならないから、本来持っている性質とは違う自分を出して、事態に対処する。やさしいのに果断な決断をしたり、細やかなのに荒っぽいやり方をする。英雄と言われる人はその振り幅が、常人の域を超えている。

西郷は時々の求めに応じて、異なったタイプのリーダーシップを発揮していた、と筆者は見る。

すなわち幕末動乱期には、薩摩藩の実質的な政治リーダーとして徳川幕府打倒の強硬策を躊躇《ちゅうちょ》なく発動し、父親的力強さと強引さで世の中を変えた。

他方、維新後の西郷は、維新によって見捨てられた薩摩藩を中心とする中下級士族が生きていくために、母親的保護政策を考えた。それを実行しようとし、なし得ないまま明治十年（一八七七）、西南戦争の果てに城山《しろやま》の露と消えることになった。

西郷自身の本質は、「母性」の人ではなかったか。

ゆえに農民の痛みを我がことのように思い、自身も貧しいのに身銭を切って農民を助けたり、僧・月照ひとりを亡き者にすること忍びず、共に入水自殺を図る。斉彬死去時には殉死しようとし、あるいは後年、自らの身を私学校の生徒たちに預け、西南戦争で彼らと共に死を選ぶ。

そういう「母性的」傾向から見れば、西郷が島津久光からどんな仕置を受けようとも決して脱藩せず、最後まで「薩摩藩」という出身母体を大切にした理由も見えてくる。

西郷隆盛が島津久光と決定的に決裂しなかった理由

西郷は、根を大事にする人であった。

自分が生まれ育ったのは薩摩であり、生きてこられたのは薩摩藩という政治システムのおかげである。薩摩藩が西郷にとってのふるさとであり、アイデンティティーの源であった。

日本人が西郷のことを好きなのは、家とか地域とか組織といった、出身母体に対する限りない愛情を感じることも大きい。

最近はこうした価値が否定的に受け取られる。会社や組織のために働くことを「悪」のように見る風潮が強い。「地域の利益」というと、それを求めることが政治的なエゴだと批難される。

しかし、犯罪を犯す組織や違法な勤務をさせる企業は論外だが、普通の組織や企業はそこで働く者にとって大切な場である。生活の手段であると同時に、仲間と一緒に目標を達成する場でもある。長く勤めればそこは思い出の場所になり、自らの密かな誇りにもなる。

また地域も、そこで生まれ、育った者にとって忘れられない地である。そこに帰れば、親がいて、子がいて、友がいて、恩師がいる。

地域が豊かになることを望まないとしたら、それは偽善である。

西郷は、薩摩藩士たちの生活や仕事、彼らの思いを一身に受けて、それを解決する手段としての政治に絶望し、西南戦争で彼らと共に死ぬことを選んだ。

母性の政治家として、西郷は薩摩の士族を包み込むように、かつて僧・月照と自死を図ったように、時代の海に入水していった。

政治をロマンチックに語るつもりはない。西郷が廃藩置県を容認したもう一つの大きな理由は、その政策がいずれ実現するとわかっていたからである。つまり逆らえない流れならば、政策を先取りしなければ主導権を持てなかったからである。そういう現実的な思考を西郷は持っていた。

だからこそ、島津久光が過去の人であり、久光の言うことに忠実である必要はない、と考える一方で、西郷は「根」としての薩摩藩、その代表たる久光と決定的に決裂する意思を持っていなかった。それが両者にとって幸か不幸かは、判断の分かれるところである。

神経質だからこそ気配り目配りができる

さて。

ここまで島津久光との関係を中心に西郷を見てきたが、章の最後に、西郷隆盛自身の失敗について、触れたい。

西郷の失敗は、第一に久光との関係性、第二に西南戦争という選択、この二点に絞って述べたい。

久光との関係性を西郷の立場で言えば、大久保一蔵のように、もっとうまく立ち回って久光を利用すればよかった、ということは言えるし、不必要な暴言も避けるべきであったろう。西郷が「大人になる」選択肢はあったが、彼の信条と政策がそれを許さなかったことはすでに述べた。

第二の西南戦争については、西郷は薩摩士族を道づれに死んで、新しい時代を迎えさせようとしたという説もあるが、筆者はその立場に立たない。そこまで見通して西郷が行動したとは思えないのである。西南戦争時の西郷は、戦いの前途について、まったく思考停止している。

まず、西郷の性格から明らかにしたい。

西郷は、

「人は己れに克つを以って成り、自ら愛するを以って敗るる」

自分の欲望に打ち克ってはじめて成功する。自分の利益を考えれば負ける。

敬天愛人を説明する西郷の言葉の中に書かれている言葉である（山田済斎『西郷南洲遺訓』）。

「己れに克つ」は、西郷の発言、教訓話に何度も出てくる。

ここで考えたいのは、西郷自身が克己《こっき》の人であったことは疑いないが、それは若い時からであるかどうか、ということである。

西郷の逸話には、若年から優れた「仁」の精神を発揮した話がよく出るが、しかしそこには、島津斉彬から認められるために、あるいは義憤にかられて、という「己れ」が出ている。

西郷が実は神経細やかな人物だったことは知られている。計数にも強く、従兄弟の大山巌《いわお》と、購入した銃器の費用をソロバンで、それもみごとな指さばきで計算をしたという話も残っている。

他人を思いやれる人物というのは、えてして細やかで神経質。だからこそ気配り、目配りができる。しかし人の発言や評価が気になり、そんな小心な自分を否定したい気持ちにも駆られる。

西郷が「敬天愛人」を座右の銘とし、己れを去ることを大切にしたのは、西郷自身に欲望や野望が大きく存在し、それを改めたいと考えたからではないか。

人は自分に備わっている徳や才能を座右の銘にはしない。自分にないもので、目指したい目標や戒《いまし》めとして持つのである。

次に、幕末維新の頃の西郷を見れば、彼が緻密に計算をし、論理を積み上げて、理詰めで行動したことも明らかである。

「西郷は、これから起こるであろう事態を予め想定し、その対策を立てるのが若い時から頗《すこぶ》る好きな人物であった」（家近良家『西郷隆盛と幕末維新の政局』）

母性の政治家・西郷が蘇る

神経細やかで緻密な計算のできる人物が、なぜ西南戦争に突入していったのか。

まず、西南戦争のそもそものきっかけ、西郷が「征韓論」を主張しながらそれを受け入れられず鹿児島に帰った件。

実は、西郷が公的な場所で征韓を唱えたことは、今のところ確認されていない（家近良樹ほか）。

家近良樹氏は西郷が遣韓使節に志願した頃の心境について、従来の見方を以下のように紹介する。①大蔵大輔（大蔵次官：筆者注）井上馨《かおる》と司法省はじめ各省との対立、②参議職の配分をめぐる雄藩出身者間の熾烈な競合、③陸軍中将・近衛都督の山県有朋《やまがたありとも》をめぐる不祥事。「こうした一連のトラブルが、留守政府の筆頭参議であった西郷の神経を傷つけ、彼をして死への誘惑に駆り立てた」

これに加え、

「西郷に体調不良をもたらし、ひいては朝鮮使節を志願させたのは、幕末以来の彼の政治闘争に伴う疲労の積み重なりと加齢が大きく関係したと考える」（家近良樹『西郷隆盛と幕末維新の政局』）

と、西郷の健康状態がきわどい段階にあったことを、韓国に行こうとした理由に挙げている。

立場がどんどん悪くなる下級士族たちへの申し訳なさという、西郷ならではの気持ちも無視できない。

普通政治家は、その政策が国家全体にとって、多くの国民の未来にとって必要と判断すれば、断行する。そして、強い罪悪感は持たない。

誰もが得をする政策は存在しない。何かを行えば必ず批判があり、それを修正しながら次の時代につないでいくのが政治だからである。

ゆえに、政治の担い手である政治家は、痛みを感じながらも立ち止まることなく、次の課題への取り組みを優先する。

たとえば赤字国債を大量に発行したあとは、財政赤字を減らして国債償還をスムーズに行うことを考える。

戦争が始まったら、終わったあとの講和条約や占領政策を考える。昭和十八年(一九四三)十一月、エジプトのカイロで、米英中首脳が日本敗戦後の処理について話し合った。日米開戦からわずか二年しか経っておらず、終戦までなお二年の段階である。戦争の最中に戦後の処理を考えるのが政治家である。

しかし西郷は維新実現の後、だんだんと政治家としての「役割」から、政治家の「資質」(指導者が持つべき資質)を重視し、その中に埋没していく。

原因の一つが西郷の健康状態、というのは説得力に富むものである。

母性の政治家である西郷の、母性ゆえの心の痛みかもしれない。

政治家には図太い神経の持ち主が多いが、総理や派閥の長をやるような人物は、総じて神経細やかである。あの小泉純一郎でさえ、これ以上は（神経を含めた）体がもたない、といって退陣した。

政権トップは肉体的にも精神的にも修行のような日々を強いられる。維新達成と、政治基盤であった下級士族に不十分な対応しかできないという自責の念は、西郷を極限まで苦しめた。

「父性」で維新実現という荒技をやってのけたあと、かつて農民の苦悩を見過ごせなかった「母性」の西郷が、再び蘇《よみがえ》ったのである。

西郷軍の稚拙な戦略

明治六年（一八七三）十一月、西郷は政争に敗れて鹿児島に戻った。以後、新政府から上京の要請があっても、西郷は一切応じなかった。そして明治十年（一八七七）二月、西南戦争勃発。

よく言われるように、西南戦争は西郷軍側に勝てるチャンスが何度かあった。その最大の機会は、開戦劈頭《へきとう》である。もし西郷軍が大挙大阪に船で進出していたら、同じく船で、東京の近くに進出したらどうなっていたか。

鹿児島は西郷の拠点ではあっても、西郷の領地ではない。極論を言えば、西郷は戦術的に鹿児島を守る必要はなく、だとすれば、東京を守らねばならない政府軍に対してもっとゲリラ的な方策がいくらでもとれた。しかも、歴戦の勇士が揃う西郷軍は士気もきわめて高く、政府は戦慄していたのである。

が、西郷軍はまるで政府軍がやってくるのを待っているかのように、ひたすら九州を北上し、熊本城で頑強な抵抗に遭い、つまずく。

熊本城が落とせないと判断できたならば、とりあえず押さえの兵を熊本に置いて、本隊が北上を続ける。そういう選択肢もあったが、西郷軍は愚直なまでに目前の敵の撃破にこだわった。

西南戦争で西郷隆盛は自ら陣頭に立つのではなく、部下に指揮を任せて、自らはまるで神輿《みこし》のように揺れる流れの中に身を置いただけであった。

政治的な工作も、稚拙である。

明治新政府にとって、鹿児島を起点に全国で同時に不平士族が蜂起することほど恐ろしい事態はなかった。多方面作戦をとるだけの兵力も財政力も、新政府にはない。逆に言えば、西郷は全国の不平士族と事前連絡をとって同時蜂起を促さなければならないが、事前の工作はなされていない。

西南戦争以前に西郷の決起を促す人々が鹿児島を訪れることはあったが、その際も西郷は決起を口にしていない。

明治七年に佐賀の乱、同九年に秋月の乱、神風連の乱、萩の乱と散発的な蜂起はあったが、ついに西南戦争中、大規模な同調蜂起は一切起きなかった。

西郷は本気で勝利を願っていたか

島津久光を擁立することも、一つの試みとして、どうであったろう。

西郷が抜けたあと、明治新政府の最高実力者は薩摩出身の大久保利通（一蔵）であった。大久保は島津久光によって見出され、今日《こんにち》の地位を築いている。もし久光が西郷軍に加わっていたら（つまりそれは久光軍ということだが）、表立って久光に刃を向けられたかどうか。

また、久光は単純な人物ではない。幕末動乱期に前述の通りいくつもの政治課題を解決した手腕も持っており、明治初期の段階でも、鹿児島で圧倒的な影響力を保持していた（明治三年に大久保は、政治安定のため、西郷と久光を上京させようとしている）。

史実としては、久光は西南戦争開始から終わりまで、ずっと中立の立場を崩していない。

西郷のことは嫌いだったが、大久保に対しては「あれだけ可愛がってやったのに」という近親憎悪のような感情がある。

西郷は、恩讐《おんしゅう》を越えて久光と手を結べなかったであろうか。

幕末を思い出せば、西郷は会津藩と一緒になって長州藩を攻撃し、第一次長州征伐では積極的な役割を果たした。にもかかわらず、幕府打倒が政治目標になると同時に、長州藩と同盟を結ぶしたたかさを持っていた。

もし西郷が西南戦争に本気で勝つつもりだったならば、どんな可能性も排除しなかったはずである。

さらに不可思議なのは、幕末にあれだけ緻密な計画、念入りな交渉、最新武器弾薬の準備を行ってきた西郷とその同志たちが、西南戦争ではあきれるほど準備不足だった点である。

西郷軍に参加した将兵は、戊辰戦争で実戦経験を積んだ日本最強の武士団であった。そのことが、準備を怠らせた大きな要因の一つとされる。

だが、「最強軍団というおごり」が原因で油断したのであれば、熊本城の攻防で城を陥《お》とせない、つまり「最強ではない」とわかった段階で、作戦を練り直さなければならなかったはずである。

西郷軍はもともと、新政府軍を「迎え撃つ」戦略ではなかった。攻めて攻めて攻め上って、軍事的には東京を占領し、政治的には大久保政権を倒すのが目標であった。

にもかかわらず、戦術転換はなく、まるで思考停止したかのように九州で戦い続けたことが、「西郷は薩摩士族と心中した」説の生まれる素地になったのである。

西郷が西南戦争に敗れたことを「西郷の失敗」とするならば、触れてきた戦術、戦略、政略の不在を挙げることができる。つまり西郷が先頭に立って指揮をとらなかったことが、西郷の失敗と言える。むろん西郷が本気で勝利を願っていたならば、であるが。

失敗ではなく、勇気と信念の人生にふさわしい幕引き

「抜刀隊」、という軍歌がある。

これは西南戦争時の政府軍・抜刀隊を題材にしたものである。

われは官軍わが敵は　天地容れざる朝敵ぞ
敵の大将たるものは　古今無双の英雄で
これに従う兵は　共に剽悍《ひょうかん》決死の士

我らの敵は朝敵だが、敵の大将（西郷）は古今無双の英雄で、従う兵たち（薩摩士族）はみな、精強である。

官製軍歌の歌詞ですら、西郷は英雄であり、薩摩武士団は剽悍決死の士だと讃《たた》えている。この戦争が新政府にとってどれだけ重荷で難しい戦いであったかが、よくわかる。

戦っている最中の西郷はどこか嬉しげで、残っている逸話も、真夜中に可愛岳《えのだけ》を

越える時、「夜這いのようだ」と冗談を飛ばしたり、新政府軍から砲撃を受けた時に「彼らも鉄砲を撃つのがうまくなった」と大声で言ってみたり、よく言えば余裕、悪く言えば諦念《ていねん》が見られる。

もちろん、激戦の最中に負傷した将兵を助けたり、死んでいく部下たちを悼《いた》む姿も記録されているが、それまでの西郷とは違う印象を受ける。

いや、これが本当の西郷なのかもしれない。

戦争の最終盤、出発地であった鹿児島に戻り、城山に籠城した時、そこになお四〇〇人近い兵が従っていた。

西郷軍はとうに解散命令を出したのに、それでも西郷と一緒に死にたいという者が四〇〇人。

その中に桐野利秋の甥で、根占潔《ねじめきよし》という人物がいる。

タバコが、切れた。

食糧弾薬が底をついて、一つの梅干を一〇人でねぶりながらおかずにしたほど物資が欠乏していたから、タバコなどとうになくなっていた。

根占は西郷ならタバコを分けてくれるかもしれない（西郷はヘビースモーカーであった）と思い、西郷を訪ねた。

「先生、タバコがなかことなりもしたから、少し給わんか」

「おう、それなら善か品を呈《と》げもそ」

そう言って、袋の中から上等の、まだ封を切っていない刻《きざ》みタバコを取り出すと、ほとんど全部鷲《わし》掴みにして根占に渡した。

根占は驚いた。西郷は多分、普段吸っているタバコを少し分けてくれるだろう程度に思っていたら、上等なタバコを、ほとんど全部くれたのである。

根占は結局、そのタバコを吸わなかった。

「こいは、先生が与いやったとじゃって、死ぬまでお守りにすっとじゃらい」

西郷にもらった大事なタバコだから、吸わずにお守りにする、というのである。

また、中津藩士だった増田宋太郎が、西郷軍解散のあと「一日接すれば一日の、三日接すれば三日の愛が生じる」と言い、中津に帰らず戦死した話は有名である。

人生を終えるにあたって西郷が選択したのは、暴発した薩摩士族たちのために身を捧げることであった。それは西南戦争の間、およそ七ヶ月をかけた、緩慢な自死であったのかもしれない。

そして、城山を撃って出て最期を迎えるまで、西郷はやさしさと威厳を保ち、部下から慕われ、最後の最後まで、西郷隆盛その人であった。

これは失敗ではなく、勇気と信念の人生にふさわしい幕引きではなかったろうか。

第5章

水戸藩と長州藩、維新さきがけの組織疲労

組織維持のコツは「倦まずたゆまず」

ここまで、大名たち個人の失敗を考えてきた。本章は、組織としての大名、つまり「藩」の失敗について考察したい。

組織を維持するのに最も大切なことは何か、と問われたら、筆者は、「根気」と答える。

英語ではpatienceが近いかもしれないが、日本語の「根気」とは少し違う気がする。patienceは「忍耐」に近い。他の単語も、根気とは若干感覚が違う。もちろん組織をつくり、維持し、発展させるには耐え忍ぶことも必要だが、うまくいっている組織の運営に感じるのは、「根気」の存在である。地位の上下にあまり関係なく、「倦《う》まずたゆまず、続けていく」という意味の「根気」を持って、組織人が働いている。

曲がりなりにも井伊直弼《なおすけ》が幕府を運営していた時には、幕府は組織としてのまとまりを持っていた。それは、井伊直弼が限られた時間と追い詰められた状況の中で、最大限粘りを見せながら対外国、対朝廷政策を進めたことにも明らかである。加えて言うなら、直弼とまったく立場の違う岩瀬忠震《ただなり》ですら、対外交渉の最終段階はともかく、それまでは知りうる知識を総動員して、根気強く交渉を重ねたことはよく知られている。しかも岩瀬自身、井伊直弼個人に対しての批判はあったが、幕府それ自体をないがしろにすることはなかった。

阿部正弘の組織運営はまさに、根気強く反対派を説得し、敵を自らの腹中に入れ、ゆっくりと事態を動かす組織者としての才能にあふれていた。土佐の山内容堂《ようどう》も、前半は吉田東洋をはじめ宿老たちを、後半は後藤象二郎《しょうじろう》や脱藩した坂本龍馬らを、折々不満を持ちながらも根気強く動かしながら、あるいは彼らに動かされながら、組織を活かし続けた。

薩摩では、藩内で大きな勢力になっていた西郷隆盛ら誠忠《せいちゅう》組を、敵対する政治基盤に乗っていた島津久光が忍耐と根気で利用していたことはすでに触れた通りである。その島津久光を小松帯刀《たてわき》や大久保一蔵が、倦まずたゆまず活用し続けたことも触れた。

会津の松平容保《かたもり》は、政策の多様な選択肢を持たなかったが、しかし最後の最後まで「倦まずたゆまず」立場を貫き通した。藩内部には容保の路線に反対する勢力が常に存在した（特に国許）が、戊辰《ぼしん》戦争の局地戦で最も長期間戦い続けたのは会津藩である。つまり、容保の政策に反対した者も含めて、多くが藩組織を根気強く、最後まで支えたのである。

指導者として最低限持たなければならない条件

根気強い組織運営によって、組織はバラバラにならず、曲がりなりにも統一した歩調をとって動く。

それは、大きな意味を持っていた。組織は組織としてまとまって動いている間、勝利するにせよ敗れるにせよ、表舞台に居続けられる、ということである。

組織として機能するには、上下が同じ方向を向く必要がある。

従来、方針を示して従わせることが、指導者の責任として論じられてきた（多くの「リーダー論」は、この「指導者責任論」をとっている）。

だが、筆者は前著（『「戦国大名」失敗の研究』）でも述べた通り、フォロアーのあり方、最後は組織を維持するためにまとまる、という「フォロアーの責任」が、実は組織維持にはとても大きな課題であると考える。

ただし、フォロアーが責任を果たすために、指導者が指導者として最低限持たなければならない条件がある。

それは、責任を回避しないことである。

当たり前ではないか、と思われるかもしれないが、現代でも幕末でも、責任回避する指導者は決して少なくない。責任を部下に押しつけるのはもちろん、気に入らないからといって組織を抜けたり分派をしたりするのも、指導者としては「責任回避」の一つである。

だからといって指導者の最低条件に、まるで聖人君子のような項目を並べ立てるつもりはない。誰もが人格者的指導者になれるわけではないし、筆者はその必要もないと考える。

責任を回避しない。どんなに嫌味な人間でも小心者でも、この点を明確に持っている人は組織の中で最終的に支持される。

責任をとる指導者が、粘り強く根気を持って事にあたれば、組織崩壊の危険性は限りなく小さくなる。もっと言えば、頂点に立つ者だけではなく、重臣から軽輩《けいはい》に至るまで責任と根気を持っている組織は、盤石《ばんじゃく》だと言えよう。

最終章にあたり、組織を中心に失敗の要因を見ていきたい。

その一例として、水戸藩と長州藩を取り上げたい。

長州藩三一人、水戸藩二一人

水戸徳川家と、長州の毛利家。

かたや徳川御三家、かたや西国の有力大名。

石高は、水戸藩が三五万石で、長州藩は三七万石（幕末期、長州藩は経済改革で実質石高を増やしているが、ここでは表高のみ記す）。

両藩は黒船来航以前から、藩政改革について藩内で派閥抗争が激化した点も似ているし、攘夷《じょうい》の実行を幕府に強く迫った点も同じ。

さらには両藩とも皇室との関係が深く、朝廷に人脈を持っていた（会津藩が当初、朝廷との橋渡し役に苦慮したのとは好対照である）。

両藩の攘夷派は互いに連絡をとり、実際に攘夷を実行し、あるいは幕府要人を襲撃するなど、理論だけでは収まらない過激さを持っていた。

ところが。

このよく似た性格を持つ両藩は、見事なほどその後の道が異なってくる。

それを如実に表す数字がある。

明治以後、華族に列せられた人数（藩主と連枝《れんし》、藩重役を除く）が、長州藩の三一名に対し、水戸藩はなんと、わずかに二名。

日清・日露戦争の戦功によって華族になった者も含まれるが、そもそも薩長出身者が軍内部で高い地位にあったから、という見方もできる。他藩の、特に旧幕府勢力とはスピードの異なる出世を遂げているのである（厳密に言えば、旧幕府勢力出身者で華族に列せられた者もいる。会津出身の出羽重遠《しげとお》や林権助《ごんすけ》である。しかし彼らは例外的と言っていい）。

水戸藩は、薩長と同じく尊皇攘夷ではなかったのか？

水戸藩は朝廷からうとまれて、だから華族になった者が少なかったのか？

水戸藩は最後まで幕府側で戦ったから、新政府に睨《にら》まれたのか？

答えは明白である。水戸藩は尊皇攘夷のさきがけであったし、朝廷に太いコネクションを持っていたし、一部の藩士を除いて、幕府側として戦ってはいない。

幕末維新の時期、同じように尊皇攘夷の旗を立て、幕府に逆らい、朝廷と関係が深かった水戸藩と長州藩。両藩の運命がこれほどまで違ったのはなぜなのか。

そこには、両藩の組織としての特徴があった。
以下、考察していきたい。

「天下の副将軍」意識が水戸藩にもたらしたもの

ほとんどの歴史学者は、水戸藩を「尊皇攘夷のさきがけ」と認めている。いわゆる、「光は水戸から」、である。

実際、全国に尊皇攘夷の理論を普及せしめたのは、水戸藩主・徳川斉昭《なりあき》の側近である会沢正志斎《あいざわせいしさい》と、藤田東湖《とうこ》であった。

特に会沢正志斎の『新論』は、全国の憂国の士を奮い立たせたもので、吉田松陰がわざわざ会沢正志斎に会うため、長州から水戸を訪れたことは有名な話である。

『新論』は、日本の国柄や国際情勢を説き、国防論、政治論に至るまで論じている。日本は天照大御神《あまてらすおおみかみ》によって建国された国で、他に抜きん出た国家である。その日本が今、領土的野心を持つ欧米列強に狙われている。だから、屯田兵《とんでんへい》創設や海岸線の防衛、その他軍事力整備とその訓練を通じて国防を行う。そして富国政策をとる。さらには、建国の精神に基づいた政治を行うことによって、国家を永続させるのだ、というものである。

最初に、そもそもなぜ水戸で、会沢正志斎や藤田東湖のような尊皇思想の学者を生んだのか、その土壌はどこにあったのか、を考えたい。このことが、水戸藩の過激な行動に結びついているからである。

よく指摘されるのは、第二代藩主・徳川光圀《みつくに》が『大日本史』の編纂を開始し、それによって尊皇思想が普及したという説。だが単に知識の集積だけでは、人は行動を起こさない。「意志」がなければ、政治行動は発生しない。

水戸藩の「意志」とは何だったのか。

それは、有名な「天下の副将軍」としての意志であり意識である。

水戸藩は御三家の中でもっとも石高が低いが、その代わりもっとも江戸に近く、将軍が江戸を留守にする時には、水戸徳川家の藩主が江戸での代理を務めた（大坂の陣の時など）。

また第二代藩主の徳川光圀は、本来、水戸藩など親藩には権限がないにもかかわらず、政治的な発言や政治介入を度々行い幕府から煙たがられている。だが光圀をはじめ水戸藩の人間は、自分たちが幕府の屋台骨を支えるのだ、という自負心を強く持っていた。

徳川幕府を支えることは一見、尊皇とは矛盾するように見える。が、第1章でも触れたように、幕府は天皇から「朝廷に代わって政治を行え」と、政治を委任された形をとっていた。だから、朝廷から政治を委任された幕府を助けることはむしろ、水戸の尊皇を裏書きするようなものであった。

しかしそれも時代が平穏だった頃までで、外国船が頻繁に日本近海に現れるに及んで、尊皇は幕府を支えることとイコールではなくなってきたのである。それまでは徳川幕府を守る「副将軍」が、今度は「天下の」ことを優先しはじめた。

「P」の水戸藩

幕末の水戸藩内の動きを具体的に見る前に、幕末期の水戸藩はどんな藩であったのか、組織論から比較してみたい。

リーダーシップには、目標達成を最優先する機能と、組織を維持・強化する機能の二つがある。これは、三隅二不二《みすみじゆうじ》（大阪大学名誉教授）が唱えた有名な「PM理論」で、Pは performance（パフォーマンス）、Mは maintenance（メンテナンス）

の意味である（三隅二不二『リーダーシップ行動の科学』）。

目標達成（Ｐ）には、組織の力（Ｍ）が必要である。組織を維持する（Ｍ）には、目標に向かって機能する（Ｐ）ことが大切である。

このように、目標達成と組織維持は互いに補完し合うものである。

軍艦の艦長が猪突猛進型で、副長が目配りのできる人格者であったり、本田技研の創業者・本田宗一郎とナンバー２の藤沢武夫のような関係もこれに近い。

ＰとＭがバランスをとれていればいいが、何がなんでも目標を達成しようとする（Ｐ）と、時に組織（Ｍ）を危険に晒《さら》すこともある。たとえて言うならば、玉砕覚悟で敵陣に斬り込むような行動が肯定される状況である。

これは、組織にとっては危機である。

目標達成というパフォーマンス（Ｐ）を優先することで、組織維持というメンテナンス（Ｍ）と相反することになる。

ＰＭ理論を援用して、幕末の主要な四組織、①井伊直弼政権下の幕府、②薩摩藩、③長州藩、④水戸藩に当てはめてみたい。

組織維持、つまりＭをもっとも重視したのは、①井伊直弼政権下の幕府である。

それは、幕府を維持することが日本を守ることにつながるという、井伊をはじめ幕閣たちの強い信念でもあった。

組織は維持しつつ、藩内でも国政でも改革が必要、つまりpM（pが小さくMが大きい）と考えたのは、②薩摩藩である。薩摩藩、特に島津久光の代には、組織維持の傾向は斉彬《なりあきら》時代よりも強かったと言えよう。

組織維持も大事だが、たとえ組織を犠牲にしても尊皇攘夷を実現する、つまりPm（Pが大きくmが小さい）なのは、③長州藩。実際の攘夷行動は、長州藩がもっとも激しく、長州藩は外国からも国内的にも攻められることになった。

組織維持より何より、目標（理想）を実現する、つまりPだったのが、水戸藩。水戸藩士（含・脱藩）のテロ行動は井伊直弼暗殺を経て閣老・安藤信正《のぶまさ》襲撃まで、暗殺事件によって国政に影響を与え続けた。それは彼らが元々持っていた理想主義的な考えによるところが大きく、純粋で強い信念を持っていたからこそ、行動はより過激になった。

しかし水戸藩から華族がほとんど出ず、明治維新後に人材払底《ふってい》した原因もまたこの過激な行動にあった。加えて言うならば、安藤信正襲撃以後、元治元年（一八六四）三月、藩内で天狗党の挙兵があってからは、後述するように目も当てられないような藩内抗争が行われた。

率先垂範の人・徳川斉昭

水戸藩の藩内抗争は、立原翠軒《たちはらすいけん》と藤田幽谷《ゆうこく》（東湖の父）の学派の争いから始まった、とする『水戸藩党争始末』の説に従えば、寛政年間から享和にかけて、西暦で言えば一八〇〇年前後からと考えられる。

立原翠軒は、水戸藩をあくまで徳川親藩として存立させようと考え、他方、藤田幽谷は勤皇の立場をとった。二人の学問的な対立が、第八代藩主・徳川斉脩《なりのぶ》の後継藩主問題で一気に政治問題化し、藩政改革まで唱える藤田幽谷の改革派と、立原翠軒の流れをくむ藩内保守派（門閥派）の対立となった。

改革派は徳川斉昭を、保守派は清水恒之丞《つねのじょう》を担いだ。

斉昭は第七代藩主の三男。対して清水恒之丞は、当時の将軍・家斉《いえなり》の子。保守派としては苦しい藩財政もあり、ここは将軍の子を藩主に持ってきて、幕府にいろいろと便宜を図ってもらおうという目論見があった。改革派は、血統の近い、しかも改革志向の斉昭を推す。

結局、斉昭が第九代藩主に就任して、藤田東湖や会沢正志斎ら改革派が藩政を握り、保守派は干された。

およそ十五年間、藩主の座にあった斉昭。

斉昭は、のちの行動からも明らかなように、非常に意志強固な君主であった。その斉昭が有能な側近たちによって政治を行ったから、改革は進んだのである。

もし外国の脅威が迫っていなければ、斉昭は徳川時代を通じて間違いなく相当上位の「名君」として評価されていたであろう。

天保年間は凶作が続いたが、倹約を行い行政の改革をし、門閥派を退けて有能な者を登用する。また藩内の徹底した検地を行い、税収の安定化を図る。

藩校（弘道館）や郷校（農村での学校）の整備も推進した。

郷校は医者や神官、村の役人などが学ぶ学校であったが、のちに農民や猟師も対象となり、ここでの人材が水戸藩勤皇運動の、まさに草の根的な存在になる。

斉昭は率先垂範《そっせんすいはん》の人で、倹約を強いる場合に自らも粗衣粗食を実践した。こういう有言実行タイプには、部下は従いやすい。いちいち説明しなくても「我が殿を見よ」と言えばすむからである。

ちなみに斉昭は文武両道に秀で、琵琶の名手で陶磁器や彫刻もつくる。料理の腕前も大したものだったらしく、女性関係も盛んで、斉昭が生涯成した子は三七人もいた。いかにも贅沢をしそうな人物像だが、私欲より良い意味で公欲の強い人物であった。

水戸藩改革派のウルトラC

改革は常に反発を生むが、水戸藩も例外ではない。

天保十五年（一八四四）、斉昭は突然幕府から藩主引退と謹慎を命じられた。なんと、藩内の保守派が幕府に働きかけた、一種の政変であった。改革への反発は、藩主を交代させようとする力にまでなっていたのである。

新しい水戸藩主に十一歳の徳川慶篤《よしあつ》が就任すると、保守派は復権し、改革派は左遷される。

動あれば反動あり。

今度は斉昭の雪冤《せつえん》（身の潔白を明らかにする）運動が起き、斉昭支持派と農民らが大挙江戸に行き、尾張家や紀伊家の屋敷に押しかけた。

水戸は地理的要因もあろうが、この後も何かあるたびに江戸に押しかけたため、幕府は水戸を「危険な隣人」と認識していく。家康が、将軍不在の時に江戸の守りを任せた水戸藩は、幕府開闢《かいびゃく》から二百四十年を経て、やっかいな身内になったのである。

藩内改革派は巻き返しを図る。幕府上層部への陳情を密かに繰り返し、ついに同年十一月には謹慎が解かれ、三年後には藩政関与の許可も得た。

今度は保守派が干され、改革派が再び復活する。が、斉昭は一度引退した身で藩主は慶篤。そこで保守派は慶篤を操縦しながら、復権を模索する。

読者はそろそろ、シーソーゲームのような水戸藩の派閥争いに飽いてきたかもしれないが、当事者にとって派閥争いほど熱中するものはない。自身の栄達や報酬はもちろんだが、権力から退けられる屈辱と、報復を果たした時の快感は、原始的だが人間の本能を呼び覚ますものである。そしてこれが水戸藩の維新回天のエネルギー源になり、また終わりなき藩内抗争の源にもなった。

なので、あと少しだけおつき合い願いたい。そうしないと、なぜ水戸藩で明治になってからも狂気のような粛清が続いたのかが理解できない。

水戸藩内で復権した斉昭は老中・阿部正弘のもと、幕府の海防参与、兵制参与（安政二年・一八五五）に任命され、幕政に大きな影響を及ぼした（第1章参照）。

ところが、阿部正弘が急逝して斉昭は幕府政権内で孤立。将軍継嗣《けいし》問題と条約勅許《ちょっきょ》問題で井伊直弼と対立した斉昭は、ついに謹慎処分になる。

それでも水戸藩改革派は希望を捨てず、粘りに粘って根気強く、斉昭の復権を画策した。

彼らが狙ったのは、朝廷から勅諚《ちょくじょう》（天皇からの命令）を引き出すことであった。

まさに、ウルトラCである。

藩内抗争から生まれた井伊直弼暗殺団

安政五年（一八五八）、水戸藩改革派の働きかけが功を奏した。幕府を批難し、攘夷を行えという勅諚が水戸藩に降下されたのである。

「戊午《ぼご》の密勅」（「戊午」は干支。関白の署名を得ていないので「密勅」と呼ばれる勅諚は、幕府にも水戸藩にも激震を走らせた。

幕府にとって、朝廷が幕府を無視して勅諚を出すことなどあり得ない。もしそれを許せば、朝廷の大名に対する命令を認めることになる。つまり、幕府が無用になる。幕府にとっては一種のクーデターに近いものであった。

他方、水戸藩。

改革派としては、運動の結果勅諚を得たのだから万々歳なのだが、ただ勅諚を持っているだけでは意味がない。勅を奉じて行動に移る。そこで、議論が分かれた。全国にこの勅諚を知らしめるべし、という主張と、ここは慎重に対応すべきだとする考え方がぶつかったのである。

慎重論を唱えたのはほかでもない、尊皇攘夷の理論的支柱でもあった、会沢正志斎その人であった（藤田東湖はこの事態の三年前、安政の大地震で他界している）。

改革派が、二つに割れた。

勅諚を奉じて行動に移ろうとする「激派」。

慎重に対応すべしという「鎮派」。

（この名称は、水戸藩内部抗争で後々まで使われるので、覚えておいていただきたい）。

幕府は「勅諚を返せ」と水戸藩に迫り、同時に、次々と激派の面々を捕え切腹や死罪に処し、斉昭も国許永蟄居となった。

水戸藩内では、草の根の勤皇家たちが、奉勅《ほうちょく》雪冤（勅を奉じて斉昭らの潔白を証明する）を展開。藩内で農民らを主体とした数千から一万人が集まったが、のちに斉昭らの説得で解散した。

激派は次々に左遷され、幕府からの圧力も強まった。

鎮派を中心とした水戸藩首脳部は、勅諚を返納する方向で調整に入った。だが、これに反発する激派が水戸街道の長岡に屯集《とんしゅう》し、何としても勅諚を返納させじと、鎮派と対決姿勢を強める。

ついに鎮派の会沢正志斎が兵を率いて、長岡の激派を鎮定する動きを見せ、それを察した激派はようやく解散した。

その解散した激派の中から、井伊直弼暗殺の首謀者たちが生まれるのである。要は、派閥抗争に敗れ勢力を大きく減じた過激派の中から、暗殺団が生じた。

水戸藩の内部抗争は藩内の抗争から、国政レベルでの動きを見せはじめる。

必然だった井伊直弼暗殺

政治勢力は、小さくなればなるほど過激な路線、一気に局面を転換する路線をとる。だから政治巧者の権力者は、小勢力が納得するような状況をつくり、しかも自分の腹中に収め、最後の最後で息の根を止める。

徳川家康が豊臣恩顧《おんこ》の代表格である福島正則《まさのり》にとったのはまさにその典型で、最初は関ヶ原合戦後、芸州四九万石という厚遇をし、福島正則や加藤清正ら秀吉子飼いの大名を納得させ腹中に入れる。次に豊臣系大名が勢力を失ってくると徐々に態度を変え、大坂の陣では江戸に軟禁。豊臣家滅亡後は、ささいな問題で改易（四九万石から四万五〇〇〇石）。最後は、福島家を断絶に追い込んだ（のち旗本として再興する）。

権力者が政治巧者でない場合は、小勢力が暴発するケースが多い。たとえば昭和初期に起きた政治テロ、なかでも二・二六事件はその典型である。青年将校たちの動きは憲兵や警察も察知しており、それゆえ決起すると見られていた近衛師団の青年将校たちに対して、満州や地方への転任が予定された。近衛師団の決起将校たちにとってみれば、それは勢力の分散であり、軍事のプロである彼らは単に「東京から追い出される」のではなく、勢力を奪われると直感的に思ったはずである。

それまでも、昭和六年（一九三一）の三月事件、十月事件、昭和七年の五・一五事件、昭和十年の永田鉄山《てつざん》軍務局長暗殺など、軍人が関与した政治的な事件が頻発していたが、そのたびに芽が刈り取られて終わった。彼らの言う「昭和維新」は実現しなかったのである。

青年将校たちにとって、政治意識的に追い詰められた状況であった（三月事件や十月事件では関係者の厳正な処罰は行われなかったため、「芽」は刈り取ったが「根」は残ったと言える）。

自分たちが中央から追い出される前に、局面を一気に転換するため決起を決め、そして二・二六事件が勃発するのである。

これを水戸藩に当てはめるなら、水戸の激派は藩政から追い出され、水戸藩という政治組織を内側から動かすことは不可能になった。だから、局面打開のための過激行動を決心するのである。

激派は次々と脱藩を余儀なくされ薩摩藩に匿《かくま》われるが、彼らが明日の展望を開いていたとは思えない。肝心の薩摩藩にはすでに島津斉彬亡く、それは激派が頼れる先でないことを意味した。

諸国に同調の士はいてもあくまで「点」であり、点である同志を結びつけるだけの組織構成力を、水戸藩の激派は持っていなかった。

資金源も豊富ではない。

水戸藩、そして徳川斉昭からも距離を置かれ、幕府から睨《にら》まれている中で、潜伏を維持するのも資金的に難しい（激派は水戸藩内の神官や農民に支持層があったが、資金源としては限界があった）。

強い意志と信念を持った集団が追い詰められた場合、しかも少数である場合、選択肢は極めて少ない。

ある程度の勢力を持っていれば、「いつかは再起できる」という希望が持てる。しかし小勢力の場合、希望は見えない。そして何より、暴発を止めようとする者の数も少ない。

井伊直弼暗殺事件は、彼らにとっては必然であった。

水戸藩内部抗争の最終章

安政七年（一八六〇）三月。井伊直弼を襲ったのは、有村次左衛門を除くほとんどが脱藩した水戸の激派浪士であった。

一八名の襲撃者のうち、潜伏に成功したのは二名。襲撃には加わらなかったが、事件に関与した者もほとんど斬首や自刃で果てた。

徳川斉昭が他界したのは、井伊直弼暗殺の五ヶ月後である。

以後、箇条書きにすれば、水戸藩内でこんな派閥抗争が繰り返された。

・水戸街道・長岡に集結した激派残党（一派は薩摩に、一派は藩内に）の粛清。
・激派の水戸脱藩浪士一八名、高輪《たかなわ》の東禅寺《とうぜんじ》に置かれていたイギリス公使館襲撃。襲撃は失敗し、ほとんどの水戸脱藩浪士が闘死、あるいは斬首など。
・幕府は水戸藩人事に介入し、鎮派が水戸藩掌握。激派は捕らえられ、水戸と江戸で三〇〇人近い逮捕者を出す。
・水戸の激派浪士四人を含む六名が、老中・安藤信正を坂下門外で襲撃（文久二年・一八六二）。遅参した一名を含め、全員死亡。
・幕府の政治力が衰えてくると同時に、水戸藩内では激派の復権が始まる。
・文久三年（一八六三）に八月十八日の政変が起きて、尊攘派の長州藩が京都から追い払われると、尊攘派の水戸藩への期待が高まる。

水戸藩の激派は、その期待に応えるためにも挙兵し、幕府に攘夷の実行を迫ろうと考えた。そして起きたのが、翌元治元年（一八六四）の「天狗党の乱」である。あと少し、内部抗争におつき合い願いたい。この天狗党の乱こそが、水戸藩内部抗争の最終章の始まりであった。

と同時に、水戸藩のターニングポイントこそ、天狗党の乱であった。「天狗党の乱」が水戸藩の最後の力を奪った事件だと、筆者は考える。

「天狗党の乱」は、別名「筑波山義挙」あるいは「常野《とこの》の乱」など、立場によって呼び方が異なっている。「義挙」とするのは挙兵した者たちを評価するわけで、藩内激派もしくはその支持者である。他方、「乱」というのは迷惑を被《こうむ》った側の言い方で、幕府や激派以外の水戸藩は、そういう立場であった。

乱は元治元年（一八六四）三月に始まり、その年の十二月に収束するのだが、この間、血で血を洗う抗争が繰り広げられた。

めまぐるしく変転する抗争の構図

首謀者たちが長州藩と連絡をとっていたことは、ほぼ間違いがないようである。最初、筑波山に向かったのは六〇名ほどで、すぐに一〇〇名を超えた。

幕府が追討軍を送ってくるかもしれないというので、彼らは日光東照宮に向かった。

日光で全国に決起を促す檄文《げきぶん》を発し、それによって挙兵は広く知られるようになった。

三月に挙兵して五月には四〇〇名を超え、しかも東北や九州諸藩、関東近郊の農民らの参加を得て、勢いがつく。

水戸藩はどうしていたのか。

藩内の門閥派、つまり保守派である諸生党（以下、歴史的呼称に従って門閥保守派を「諸生党」と記す）は反発を強め、激派の天狗党を撃つため、数百人が集結した（一説に五〇〇人）。これにさらに、元々は激派と同じ改革派の鎮派一部も加わり、藩内は、

「激派の天狗党　対　反天狗党」

の対決構図となっていた。

ところが。

諸生党の市川三左衛門《さんざえもん》は、同調した鎮派を排除。反天狗党の内部抗争が起きた。

すると今度は、鎮派が水戸に残っていた激派と手を結ぶ。

整理すると、

「激派の天狗党　対　諸生党＋鎮派」

だったものが、

「激派の天狗党＋鎮派　対　諸生党」

になったのである。

その後、幕府が派遣してきた追討軍に一度は勝利した天狗党だが、水戸での出来事に動揺が走る。

諸生党は呆れたことに、水戸に残っている激派を捕らえるだけでなく、激派の家族へ、刃を向けたのである。

激派の天狗党内では攘夷貫徹のため京に向かうか、それとも襲われている家族を救うため水戸に戻るかで意見が分かれ、勢力が二分されることになった。

一方、水戸城を支配していた諸生党の市川は、江戸にいる藩主・慶篤を無視して勝手に藩内人事を行う始末。

さすがに温和な慶篤も黙っておれず、自分の代理を水戸に送り込んで両派の鎮定をさせようとする。

さて、やや複雑になるので、状況を整理する。

水戸藩内には、激派を中心に筑波山に挙兵した天狗党がいる。

それに対抗して、保守派の諸生党が、水戸城を掌握している。

このままではまずいので、藩主・徳川慶篤は代理を水戸に差し向けた。

三歳の子どもまで殺す異常さ

水戸城を掌握した諸生党の市川三左衛門は、藩主を無視したまま幕府軍に助けを求める。藩主・慶篤の代理を敵とみなして、幕府軍を頼ったのである。

当然、戦いになる。

藩主・慶篤の代理勢力と幕府軍は那珂湊《なかみなと》で交戦し、幕府軍が勝利。ここでも犠牲者が出る。

筆者も市川三左衛門の行動について理解に苦しむが、自分の権力を維持しようと思えば藩主も敵視するような組織に、水戸藩はなってしまっていたのである。

激派の天狗党勢力にも、おかしな状況が生まれる。

藩主・慶篤から派遣された軍の中にいた、武田耕雲斎《こううんさい》。彼がなんと、天狗党の頭目になってしまったのである。

武田は、激派に好意を持ちつつも過激な行動を常に抑える側に回っていた。

武田としては、まず水戸城に籠《こも》る諸生党の市川を説得して開城させ、そのあとで激派の天狗党をなだめて事態を収拾しようとしたのだが、市川の拒絶にあって、水戸城に入ることができなかった。

幕府軍は市川の味方。なので、心ならずも武田は幕府軍と戦うことになり、しかも敗れたため行き先を失い、止むを得ず天狗党に合流して、その頭目になってしまったのである。

単に激派に理解のある穏健派だったはずの武田耕雲斎は、こうして水戸藩内部抗争の一方の主役に躍り出てしまった。

天狗党はその後、高崎藩からの攻撃などを受けつつも京を目指し、上野《こうずけ》から信濃、美濃を経て越前敦賀《つるが》に至り、降伏した。

天狗党、八〇〇余名のうち三五二名が処刑された。

呆れ返るのは、その後の水戸藩内の騒ぎである。

水戸城を制圧していた諸生党の市川は「天狗党降伏」の報を聞くや、天狗党の家族を軒並み処断し、多くの命を奪った。

のみならず、それまで中立の立場であった者まで捕らえ、処刑していった。

改革派の旗印的存在であった一橋慶喜が第十五代将軍に就任する可能性が高まったことから、保守派の諸生党が切羽詰まった措置《そち》に出た、という指摘もある（瀬谷義彦ほか『流星の如く』）。それは直接的な動機であろう。しかし筆者には、これまで見てきた恐るべき、水戸藩内部抗争の歴史がそうさせたと思えてならない。

同時期の薩摩藩や長州藩では、あまり見られない処置である。

罪人となった藩士の禄《ろく》を召し上げて、結果として家族が困窮することはあった。また、安政の大獄でも年少の子どもが遠島になることはあったが（幼年の場合は一定年齢まで猶予があった）、子どもに死は科していない。

水戸では、たとえば武田耕雲斎の三歳になる子や孫娘を含む一族が市川たち諸生党政権の手によって処刑された。

ひどい話である。

こうやって家族を政争に巻き込むと、恨みは根深くなって報復の連鎖が続く。

小浜《おばま》藩に預けられていた武田耕雲斎の孫・武田金次郎が、明治元年（一八六八）に水戸へ戻った時、金次郎が諸生党のみならず中立派の一部まで手当たり次第に報復を行ったのは、こうした理由があった。

ちなみに諸生党首魁《しゅかい》の市川三左衛門は、戊辰戦争時に水戸から逃げて会津に行き、その後さらに逃亡を続けた。が、明治二年に渡仏寸前、東京で捕縛されて水戸に護送され、逆さ磔《はりつけ》に処せられた。

経済基盤の整っていた長州藩

水戸藩の内部抗争について、大きな流れを述べた。

一つだけ、つけ加えたいことがある。それは、組織と金に関してである。政治には金がかかる。それは昔も今も変わらない。

天狗党の乱を見る時、筆者は「政治と金」の難しさに思い当たってしまう。天狗党の筑波山蜂起が、一般には義挙ではなく「乱」と捉えられるのは、彼らが資金調達のために強盗、殺戮《さつりく》を行ったことも一つの要因である。

政治勢力が孤立すると、まず資金源が枯れる。そこから脱落者が出たり党内抗争が激化し、「内ゲバ」で殺し合いになる。そして手段を選ばず組織を維持するために、見境のない略奪行為に走るのである。

政治資金は、一歩間違えると「政治を行うための資金」から、「資金を得るための政治」に変質する危険性がある。天狗党の面々は大小濃淡はあっても、志に従って挙兵したことは間違いない。しかし追い詰められた結果、その志を汚すような方法で資金調達を行うのである。

資金の豊富さが優れた政治を確約するわけではないが、資金の窮乏が政治の暴力化を促す要因にはなり得る。

帝政ロシア時代、資金調達のためにレーニン指揮下にあった若き日のスターリンが、強盗部隊を率いて簒奪《さんだつ》を繰り返したという説（たとえば一九〇七年、国営ティフリス銀行襲撃。アルバート・マリン『スターリン』）などもその一例であろう。

長州藩では、藩が金を出さない時には豪商や豪農らが豊富な資金援助を行っていた。高杉晋作らのパトロンであった白石正一郎は有名である。水戸藩は長い抗争の中で藩財政が逼迫《ひっぱく》し、それは農村の疲弊につながり、つまりは政治資金の枯渇に直結した。長州藩があれほど息の長い政治闘争が続けられたのも、塩をはじめとする特産品（防長三白《ぼうちょうさんぱく》）育成など経済政策で収入を増やしていった結果であった。

やや余談だが、政治と金のもっともよい組み合わせは、私欲のない有能な政治家に豊富な資金を与えることである。

政治にコストをかけたくないために、有能な政治家にまで資金を与えないことが多い。そうなれば民主主義政治では、有能な人材は自然と政治から離れる。そして政治は手段を選ばない、あるいは組織から送り込まれた人々によって動かされる。組織が生活の基盤で政治活動も組織が面倒を見るから、彼らには金の必要がない。

優れた政治を求めながら政治家への報酬を下げ、政治献金を規制することは、そういう道へ進む可能性を示している。

政治の現場を見てみると、おおぜいの議員を安い報酬で雇うよりも、ある程度議員の数を抑え、一人当たりの議員報酬を増やし、議員スタッフを増加させる方が、はるかに質の高い政治が生まれると感じる。米国の上院議員は億単位の報酬を得て、スタッフを八〇人近く雇っている議員もいる。国政の権限を一部地方に移すことで、国会議員の数は減らすことができる。検討すべき課題ではあろう。

長州藩の「正義派」と「俗論派」

話がそれた。

水戸藩の内部抗争は、ここに記していない事件や粛清もたくさんあるが、とりあえず抗争が長期間にわたって惨劇《さんげき》を伴いながら続いていたことを理解していただきたい。

だが、内部抗争なら薩摩も長州も、幕府にもあったし、各々被害の程度は違うが、内部で抗争をしている間、組織が機能を弱めたことは間違いない。

水戸藩はなぜ同じ勤皇側にあって、薩長と違い、明治初期に栄達した者がきわめて少なかったのかという問いに答えるため、水戸藩の内部抗争を述べてきた。

答えは多くの史書に明らかな通り、そして今見てきた通り、殺されすぎて人材が払底《ふってい》していたのである。

もう一歩踏み込んで、「なぜ殺されすぎたのか」を考えてみたい。

そこで、長州藩との比較である。

長州藩も水戸藩同様、藩内抗争は藩政改革から始まっている。

水戸藩で藤田幽谷や東湖、会沢正志斎らが改革推進を行い、門閥重臣たちがこれに反発したように、長州藩では村田清風《せいふう》を中心にした改革勢力と、坪井九右衛門《くえもん》らの保守派が対立した。

ただし、当初は村田清風も坪井九右衛門も、莫大な借金を背負っていた長州藩の改革を志した点で同じ土俵に立っていた。

そして村田が「借金踏み倒し」政策で商人たちから反発を受けて退陣すると、坪井が代わって政権につくなど、政権交代しながら課題に対応していった。

ちなみに保守派と目される坪井だが、のちに安政の大獄で処刑される梅田雲浜《うんぴん》の意見を政策に取り入れるなど、頑迷固陋《がんめいころう》な保守派というステレオタイプで判断することはできない。

さて、村田の次の世代として、村田の流れをくむ周布《すふ》政之助と、坪井の系統である椋梨藤太《むくなしとうた》が登場する。

彼らも政権交代しながらしかし、経済政策では互いに全否定することはなかった。足りないところを補ったり、修正したりして、政策の継続性がある程度確保されていたのである。

「改革派・村田清風と、保守派・坪井九右衛門」

「改革派・周布政之助と、保守派・椋梨藤太」

彼らが互いに異なる政策の色を出しながら、長州藩の政治を動かした。

当初、周布は政務座役だった椋梨の添役《そえやく》に起用されたことを見ても、両者が殺し合うような対立関係になかったことが理解されよう。

なお、周布が活躍する頃には村田清風は引退し、坪井は現役だった。そのため、しばらく周布と坪井が政策的な対抗軸であったが、話の主軸ではないので、これ以上触れない。

長州藩内の政権交代は、大きな粛清を伴わずに行われてきた。が、幕府の通商条約締結をきっかけにした諸外国相手の課題には、互いにまったく違う見解を持った。ここから長州藩の激しい粛清合戦が始まるのである。

周布政之助は坪井ら保守派を「俗論派」と呼び、自らを「正義派」と称した。俗論の対義語は卓論、あるいは雅論だが、卓論派では迫力に欠けるからか、「正義派」と称した。これは周布の攻撃的、あるいは積極果敢な性格からきていると考えていい。

長州藩の対外政策は最初、きわめて穏当なものだった。

「開国して通商を行い、国を富ませて国防に資する。政治的には公武合体」

幕府の路線そのもので、攘夷を否定したのである。

正義派の周布も最初はこの政策（「航海遠略策」）を藩論とした。

それではダメだ、ということで、久坂玄瑞《くさかげんずい》ら吉田松陰グループから説得されて、周布は「開国反対で攘夷断行」（破約攘夷）路線に転換した。

俗論派の坪井は島流しになり、その後処刑され、椋梨も退陣。長州藩は一気に尊皇攘夷路線を突き進む。

失われる人材をどう補うか

元治元年（一八六四）は長州藩にとってまさに厄年であった。

池田屋事件（六月）で尊攘派の長州藩士らが殺され、禁門の変（七月）では会津や薩摩に敗れ、第一次長州征討（八月）でも敗北。馬関戦争（同）では四国（英仏蘭米）艦隊に攻められ、徹底的な砲撃戦ののち上陸されて完敗。

長州藩の実質的な責任者だった周布は自刃し、三人の家老と四人の参謀が切腹して一応の収束を見た。

ところが、復権を果たした俗論派の椋梨藤太はこのあと、周布に連なる正義派の面々を次々に処分しはじめた。俗論派の坪井を殺され自身も粛清された報復である。加えて藩の実権を握っていた周布一派を一斉に排除して、自身の政権を確立するための過激な政治行動でもあった。

これに反発して、高杉晋作が下関で挙兵。一気に藩内を制圧して椋梨らを捕らえ、のちに処刑した。

このあと長州藩は対幕府強硬姿勢で突き進み、戊辰戦争を迎える。

これが、幕末長州藩の内部抗争の経緯である。

さて、水戸藩と何がどう違っていたのか。

第一に、高杉の政権奪取後、敵は内部ではなく、幕府であったことを挙げなければなるまい。つまり敵（幕府）が迫っている状況が長州に、それ以上の内部抗争を許さなかったのである。

水戸藩はどうであったか。水戸に派遣された幕府軍は、水戸藩そのものを敵にしたのではなく、水戸藩内の天狗党制圧に向かったのである。長州征討のように、幕府が水戸藩そのものを敵にしたわけではない。だから水戸藩はなお、内部抗争を続ける余地があったのである。

第二に、中堅幹部の人材払底を挙げなければならない。

水戸藩も長州藩も藩校教育は盛んで、水戸藩では弘道館、長州藩では明倫館が全国にその名を轟《とどろ》かせていた。私塾も充実し、水戸藩では加倉井砂山《かくらいさざん》の日新塾、長州藩では吉田松陰の松下村塾《しょうかそんじゅく》が有名である。

つまり水戸藩も長州藩も、藩主の熱意もあって知的レベルは高く、人材育成の場は他藩に比べ充実していた。しかし、意識の高い人材は早くから攘夷運動など政治運動に関係し命を危険にさらしており、水戸藩も長州藩も、せっかく育った人材があたら失われていく必然性があった。

そこで藩中央は、人材の登用を行った。

水戸藩ではそれが、徳川斉昭擁立派を中心とした藤田東湖や会沢正志斎であり、長州藩では周布政之助らが挙げられよう。さらに末端の人材発掘に関して言えば、長州藩は地下医（村医）にすぎなかった村田蔵六（のちの大村益次郎）を兵学者雇《やとい》にし、あるいは足軽中間だった入江九一《くいち》や山縣小輔《やまがたこすけ》（有朋《ありとも》）、品川弥二郎らが終身士雇として抜擢された。

こうした門閥打破の人材登用によって、長州藩では内部抗争が激しくとも次の人材を確保していた。水戸藩はこの点が弱く、特に藩主が慶篤になってからは、人材登用が十分だったとはとても言えない状況であった。

「言うことをきいてくれるのは、当節では馬ばかりだ」

第三に、藩主。

水戸藩が、まるで舵を失った船のように激流を暴走しはじめるのは、徳川斉昭が亡くなってからである。

斉昭については少し触れたが、その性格は諡《おくりな》である「烈公」そのもので、有能な政治家のそれとは違っていた。

見識は高く、行動力もあったが、妥協を知らず、コツコツと政策を積み上げるタイプではなかった。

しかしはっきりとした方向も示したし、何より、自ら幕府の譴責《けんせき》を受けたように、責任を家臣になすりつけるようなことはなかった（現代から見れば不十分のそしりもあろうが）。

方向がほとんどブレなかったから、水戸藩は斉昭存命中、曲がりなりにもまとまりがあった。斉昭が井伊直弼に蟄居《ちっきょ》を命ぜられた後、脱藩浪士が井伊直弼暗殺を行うという行き過ぎはあったにせよ、水戸藩は大きく分裂していなかった。

ところが斉昭亡き後、藩主・慶篤は常に迷い、躊躇し、頻繁に政策を変更した。

天狗党の乱当初、慶篤は尊攘派排除を命じたかと思えば、そのあと、今度は諸生党重臣を罷免《ひめん》する。風向き次第でコロコロと人事を変えるのである。

性格は父親の斉昭と真反対で温順であったが、弟で第十五代将軍となる慶喜と比べて政治力には格段の差があった。

それでも、責任を負う覚悟と有能な家臣がついていれば、状況は変わったかもしれない。しかし、有能な家臣たちはいずれも派閥の中にあって、激派は乱を起こし、諸生党は我が道を行き、鎮派の面々は激派・諸生党いずれからも圧迫されて勢力が小さくなっていた。さらに藩主・慶篤ではなく、徳川慶喜について京に上った者も水戸藩内で多数あった（本圀寺党《ほんこくじ》）。

何より致命的だったのは、藩主・慶篤に威光がなかったことである。

水戸城を支配した諸生党の市川三左衛門は、前述の通り藩主を無視して藩政人事を行い、まったく顧みることがなかった。市川の立場に立てば、影響力の小さな、威光もない藩主にいまさらお伺いを立ててどうするのか、ということもあったであろう。斉昭時代には考えられない事態である。

慶篤は小石川・水戸藩邸の馬場で、「言うことをきいてくれるのは、当節では馬ばかりだ」と嘆いたというが、これではとても、水戸の激しい政争を仕切れるわけがなかった。

有能な県知事として十分な資質

他方、藩主に関して長州藩はどうであったか。

長州藩主・毛利敬親《たかちか》は、「そうせい公」として有名である。

何を言っても「そうせい」と言うばかりで、置物のように描かれることが多い。

高杉晋作や吉田松陰、桂小五郎らを描くのに、重臣の一派が頑迷固陋、藩主が「そうせい公」というのはまことに都合がいい。「保守派の重臣を、中堅下級武士が立ち上がって排除し、維新を大きく動かした」と、殿様をあまり悪く書かずに幕末の長州藩を描けるからである。

だが、実像は少し違う。

毛利敬親はなるほど、国政中央の舞台では活躍しなかったが、十八歳で藩主に就任した当初、危機的な藩財政を立て直すために自ら粗衣粗食に甘んじた（長州藩は石高に直して一七〇万石相当の借金があった）。

藩校の刷新も行い、周布政之助はその新しい藩校・明倫館の出身者でもある。藩外留学も行い、吉田松陰が江戸に行ったことは知られている。

経済政策や社会政策も行っていくが、毛利敬親の特徴は何といっても現場主義であった。

たとえば教育振興策を行うにあたって、自らも昌平黌《しょうへいこう》の林大学頭《はやしだいがくのかみ》に入門して学問をやる。あるいは、軍の演習候補地を自ら見て回ったり、北浦海岸の防備状況を自らの目で確かめる。姥倉《うばくら》運河開鑿《かいさく》の時も、自分で足を運んで視察している。また、少しでも農民の苦労を知るために萩城内に水田をつくって自ら田植えをし、稲刈りも行った。

敬親がそれによって領民や家臣の支持を得ようとしたわけではなく、つまりは律儀で真面目な性格、誠実な人物であった。天候不順を自分の不徳と考えるような、繊細さと純粋な責任感を持っていたのである。

さらに、身分の低い家臣の意見も直接聴取するなど、積極的に藩内政治に関与していった（史談会編集『史談会速記録』、末松謙澄『防長回天史』、図書出版のぶ工房『長州維新の道（下）』ほか）。

むろん、それで十分な政治だったとは言えないし、幕末維新の時期には政治の主導権を家臣が持っていたことも事実である。それでも、敬親を地方の首長と考えたならば、その資質は十分あったと筆者は感じる。毛利敬親の仕事ぶりを国会議員ではなく県知事に当てはめて考えれば、違和感は少ない。

家臣から報告や提案があると、何でも「そうせい」と言ったというのは大げさである。仮にそうだとすれば、敬親は大変な勇気と責任感を持った君主と言わねばなるまい。最終的な責任をとれる覚悟がなければ、「そうせい」と言い続けることはできないであろう。

長州藩の象徴として、毛利敬親は十分その役割を果たしたし、逆に水戸藩の徳川慶篤は家臣から軽んぜられ、象徴としても機能しなかった。

組織を維持するためにはシンボリックなものが必要で、水戸藩では激派を中心に徳川斉昭が崇《あが》められたが、斉昭が亡くなると同時に水戸は象徴を失ったのである。

重ねて言えば、徳川慶篤には粘り強さや根気が感じられない。度重なる方針転換は場当たり対応の結果であり、根気強く自分の政策を実現するという姿勢が感じられないのである。これでは象徴にもなりようがない。

水戸藩・長州藩の組織ライフ・ステージ

水戸藩と長州藩の違い、その第四に、時代の要請がある。

長州藩を戊辰戦争まで持っていったのは、政治的な影響力からいって高杉晋作を挙げても大きな異論はあるまい。高杉が攘夷を決行し、そして幕府と徹底した対決姿勢をとったことと、幕府衰退・新時代到来がまさに合致した。

政治でも経済でも、時代の波に乗ると凄まじい勢いで事態が前に進む。

高杉に代表される長州藩攘夷派の動きは、時代の要請にぴったりとはまったのである。

ところが水戸藩は幕末の後期、そもそも組織としてバラバラで、時代の要請を受け取って行動できる体制になかった。

なるほど、天狗党は攘夷派で時代の流れに乗っているように見えるが、藩内抗争に敗れて筑波山で蜂起したのであり、行動の時期も今から見れば早すぎた。天狗党の蜂起は、まだ慶喜が徳川第十五代将軍になる前である。

水戸城にあって領内を事実上支配していたのは保守派の諸生党、市川三左衛門であった。市川の幕府寄りの政策が時代を見通していなかったことは明らかである。組織が団結して動けば、組織自体が崩壊することはとりあえずない。が、水戸藩は市川が政権を握りつつ、激派の天狗党が挙兵し、別の激派は慶喜と京にあり、鎮派は勢力が小さく、各派を結びつける政治勢力が存在しなかった。わずかに幕府からも期待された武田耕雲斎は、天狗党に取り込まれた。かてて加えて、藩主・慶篤は問題が起きるたびに方針転換という状況であった。これではとても、時代の要請に応える組織にはなれないであろう。

第五に、組織疲労を指摘したい。

組織にはライフ・ステージがあると言われている。

これは生物の発生から死までを社会組織に当てはめたもので、形成→発展→衰退のそれである。

水戸、長州両藩に当てはめれば、水戸藩では関ヶ原合戦の後（慶長十四年・一六〇九）に頼房が初代水戸藩主になった時が「形成」である。

長州藩の「形成」は藩祖・毛利元就《もとなり》が中国八ヶ国を制した時で言えば永禄九年（一五六六）、関ヶ原合戦で敗戦後、防長二ヶ国に押しやられた時で言えば慶長五年（一六〇〇）。つまり両藩とも、幕末期には優に二〇〇年から三〇〇年近くの組織年齢があった。

根気強い組織文化を持っているか否か

組織のライフ・ステージは組織の置かれた状況で異なるため、一概に経年数だけで判断はできないが、しかし幕末近くなって江戸の諸藩がいずれも財政的困窮を経験したことから考えても、「藩」そのものの年齢が衰退に近くなっていたであろうことが容易に察せられる。

衰退期の組織は普通、自己防衛と安定志向で変化を嫌い、手続きが慣例化され人事も硬直化する（古川久敬『構造こわし』など）。

そのままでは衰退してしまうので、意識の高い君主や政策担当者は、何とか改革を行おうとする。ところが、慣例に従いたい、変化を望まない勢力が断固これに反対し、まずは組織内抗争の形でエネルギーが発生する。

改革を進める側は改革の実を上げねばならず、加えて反対派を抑え込むために懐柔や弾圧など、常に多面的に対応しなければならない。対して改革反対派は改革に協力せず、それを阻止することだけに目標を置くため非常に強力で、組織全体が変化を好まない風土だとすれば、組織内の支持を得やすい。

改革に成功した藩を見てみると、たとえば上杉鷹山《ようざん》を持ち出すまでもないが、とにかく根気強く粘り強く、改革を推し進めていることがわかる（上杉鷹山の改革は道半ばであったが）。

水戸の徳川斉昭は「烈公」ではあったが、我慢強く改革の実を上げようと努力を続けていた。たとえば藩士の江戸常駐をやめ交代制にするのに八年、藩が雑穀を安く買い取って高く売りつける「三雑穀切返しの法」廃止には、着手から十五年もかかっている。

かかった年数から「いかに反対派の抵抗が大きかったか」という議論になるが、むしろ、反対派を抑え込みながらあきらめずに実現した指導者側の粘り強さの方が評価に値しよう。

長州藩で言えば、毛利敬親が村田清風を起用して莫大な借金を返済するのに十六年の歳月を費やし、その間、村田自身も失脚を余儀なくされた。それでも改革は粘り強く進められたのである。

改革が成功すれば、組織寿命も確実に延びる。つまり、根気強い組織文化を持っていると、組織は長命を保つのである。

組織疲労を加速度的に早めたもの

さらに組織疲労について続けたい。

組織の機能を単純化すると、①目標、②それを行う人（人材）、③仕組み、の三点に絞られる。良い組織というのは目標がはっきりしていて、それを実現する人に恵まれ、さらに実現するための仕組みがちゃんと存在する。

組織のライフ・ステージで言うと、形成↓発展↓衰退の「発展」段階では、この三点がうまく機能している場合が多い。ところが、衰退期に入った組織はこのうちのどれか、あるいは全部がおかしくなり始める。

目標設定がおかしくなるというのは、目標が誤っているか、そもそも目標をきちんと示せない場合である。人材の欠如は言うまでもない。仕組みについては、長い組織文化の中ででき上がったものを壊すのは勇気と時間がかかる。が、仕組み自体は有能なテクノクラートがいれば、すぐにでも図面化できる。

水戸藩の場合、目標とはすなわち徳川斉昭そのものであり、斉昭の指し示す方向は、藩の持っていた伝統的な「勤皇」につながっていた。

ここで注意したいのは、斉昭はたしかにカリスマ性があり優れた人物だが、水戸藩で斉昭だけが「勤皇」と言っていたとすれば、誰もついてはいかない。もともと水戸藩の中に勤皇の文化があって、それが斉昭の主張と合致して攘夷につながるわけで、「目標」は必ずしも指導者だけが決めるものではない。

言い方を変えれば、どんな形であれ組織全体で目標が共有できなければ、そんなものは目標とは言えないのである。地位の高い人間が地位を利用して、組織を鼓舞するために的外れな題目を唱えても、誰もついていかない。組織文化を注意深く観察し、同調する者を養成し、組織内世論を形成していくことは、いかなる組織でも必要不可欠である。正しければ目標になる、わけではない。

長州藩の場合は、毛利敬親が率先垂範して倹約をし、あるいは現場を見て歩くことも藩内世論を形成した一つの要因である。

さて、水戸藩は斉昭没後、すでに見てきたように迷走を始める。激派を中心に暴発を繰り返したのは記した通りだが、それを阻止して振り子を元に戻すべき諸生党の過激さは、単に振り子の反動を大きくするだけのものでしかなかった。藩主・慶篤も機能しない。こうして水戸藩では目標の設定ができなかった。

人材の枯渇は何度も触れた。

目標を実現する仕組みは、水戸藩では誰も描けなかった。テクノクラートの欠如、仕組みの設計を命ずる者の欠如、そして密告制度があったために余計なことはしないでおこう、という空気が、最終盤の水戸藩には存在した。

目標と人と仕組み。なかでもすべての基礎になる「人」の枯渇は、組織疲労を加速度的に早めることになった。

派閥抗争のもっとも愚かな点

組織内抗争は近親憎悪である。内部での抗争は、争いののちも互いに関係を断ち切れないから、抗争の歯止めが効きにくい。自分と関係のない人間と喧嘩をしても、謝るなり謝罪させればすむが、社内で殴り合ったら勝とうが負けようが後々まで尾をひく。単純だがしかし、内部抗争とはそういう性格を持っている。

抗争に歯止めが効かなければ、組織は疲弊し機能を低下させる。

複数の労働組合が互いに牽制し合っている企業で大きな不祥事が起きたり、あるいは党内抗争を繰り返す政党が野党第一党から弱小政党になったり、事例は多い。

内部抗争を抑え込むことが良いと言っているのではない。共産主義や全体主義政党では、執行部への批判は事実上不可能で、内部抗争が起きにくい代わりに組織は硬直化してこれも組織疲労の要因になる。構成員が執行部の言いなりになることをもって善とする限り、組織は一定程度以上にならず、また、大きな変化に対応できない。

では、組織疲労を回避するにはどうしたら良いのか。

派閥は人間が三人いれば必ずできるし、派閥抗争は人間の本能であるから、これをなくすことは不可能である。

長州藩は前述の通り、派閥抗争の一応の終焉（高杉晋作の藩政掌握）以後、外にエネルギーを放出させた。すなわち、幕府を倒して新しい政体による日本を模索し行動したのである。幕威《ばくい》は衰えを見せ、薩摩は味方につくなど、政治環境もまた長州に味方し、長州藩内の内部抗争はひと段落ついた。

高杉の例で言えば、組織が混乱した場合には誰かが一度、統一者となって力を得、方向を指し示すのである。それが組織再生の第一歩になる。

組織疲労は、人材の喪失などで弱体化した組織が目標を見失って、残り少ない力をバラバラに別方向へ行使することで深手を負う。それを避けるためにも、誰もが一応の納得をする者が頂点に立つことこそ望ましい。

封建時代にはその役割を藩主が担うべきであったが、それが長州藩では高杉晋作が力で権力を握り、水戸藩では誰もその担い手に足るだけの人材がいなかった。

結局、殺し殺されすぎたことが、すべての元凶になっていたのである。

派閥抗争のもっとも愚かな点は、能力のある者を組織の外に追いやることである。現代の企業や団体、あるいは官僚組織や政党でも、派閥抗争によって優秀な人材が排除されることは普通に起こる。それが幕末には、もっと直接的に「殺される」ことで復帰も叶わず、組織それ自体の衰退を招いていくのである。

暁天の星に思いを馳せて

筆者は、「人こそすべて」という立場に立たない。人間ほどいい加減なものはないし、欲望に負けて近親者でも平気で傷つける愚か者もいる。だが、人間ほどすごい生き物もいない。お金や出世を顧みずに、自らを犠牲にして他人や国のために働こうとする人もいる。

組織が最後に頼るのは、もちろん後者のタイプの人間である。組織が生き残るために必要なのは、能力ある人間か誠実な人間かと問われれば、建前ではなく本音で「誠実な人間」だと断言できる。

誠実な人間は信頼される。たとえ反対の意見を持っていても、「あいつが言うなら、今は従おう」ということになる。私欲がないから、利害が衝突する派閥争いでも接着剤になることができる。

派手なパフォーマンスはできなくても、誠実な人間を抱えている組織はどんな苦境にあっても再生できる。

豊臣政権崩壊の要因として、秀吉の弟・秀長が秀吉より先に亡くなったことが一因として挙げられるが、史料で確認できる範囲だけでも、秀長が誠実な人柄であったことは明らかである。

私たちは組織論というとシステムを重視して論ずるが、組織論こそ人材論だという気がしてならない。逆に指導者論は、指導者の能力を発揮させる、あるいは指導者の足りない部分を補う環境や仕組みを、もっと論じるべきであろう。

水戸藩はそういう意味で、人材の欠乏が決定的な衰退要因であったし、長州藩は、人材に恵まれて組織を維持できた。

それにしても、幕末維新という時期は水戸藩の内部抗争を見るまでもなく、複雑に色々な要素が入り組んだ、難しい時代であった。その中で水戸藩は間違いなく先駆者であった。

歴史には正と負、光と影の部分がある。水戸藩の歴史は光と影、正と負そのものであった。

筆者は、そんな「負」「影」の部分として、早くに世を去った水戸藩の人々に想いを馳《は》せたい。彼らの存在があったからこそ、私たちは歴史を「面白い読み物」だけでなく、反省し学べる材料として生かすことができる。

長州人で吉田松陰の親戚にあたる、乃木希典《のぎまれすけ》。

その乃木が日露戦争終結後、外国人従軍記者のために開いた惜別の宴で、こう挨拶した。

「暁天《ぎょうてん》の星は次第に眼には見えなくなる。しかし、消えてなくなることはない」

これからあなたたち記者諸君と会うことはないかもしれないが、各々どこかに健在して、互いに思いを馳せることであろう、と続く。

星は、見えなくなっても、存在が消えたわけではない。

乃木らしい思いやりのある一言である。

暁天の星のように、新時代の幕開け寸前に輝き、そして消えた人々へ思いを馳せながら、筆を擱《お》きたい。

主な参考文献

■全体（含雑誌）
松本健一『日本の近代1　開国・維新　1853～1871』中央公論社　小島慶三『戊辰戦争から西南戦争へ』中央公論社　宮地正人『幕末維新変革史上下』岩波書店　勝海舟述、勝部真長編『氷川清話』角川書店　勝海舟述、巌本善治編『海舟座談』岩波書店　井上清『日本の歴史20　明治維新』中央公論社　中村菊男ほか『現代の政治学』学陽書房　中村菊男『政治文化論』講談社　中村菊男『政治心理学』有信堂　上條末夫ほか『政治心理学』北樹出版　升味準之輔『日本政治史1、4』東京大学出版会　ブレジンスキー著、伊藤憲一訳『大いなる失敗』飛鳥新社「外交」Vol.15、時事通信社
■第1章
吉田常吉『井伊直弼』吉川弘文館　加藤祐三『幕末外交と開国』筑摩書房　土居良三『開国への布石』未來社　家近良樹『江戸幕府崩壊』講談社　渡邉昭夫編『戦後日本の宰相たち』中央公論社　母利美和『幕末維新の個性6　井伊直弼』吉川弘文館　中村菊男『日本人を動かすもの』日本教文社　俵孝太郎『戦後首相論』グラフ社　高坂正堯『外交感覚』中央公論社　犬塚孝明『独立を守った〝現実外交〟』NHK出版　大平正芳『私の履歴書』日本経済新聞社　早坂茂三『オヤジとわたし。』集英社　早坂茂三『政治家田中角栄』中央公論社
■第2章
平尾道雄『山内容堂』吉川弘文館　子母澤寛『游侠奇談』筑摩書房　田中光顕『維新風雲回顧録』河出書房新社　依岡顕知ほか『側近が初めて明かす〝吉田茂〟人間秘話』文化創作出版　山本大編『山内容堂のすべて』新人物往来社　マキアヴェリ著、池田廉訳『君主論』中央公論社　文藝春秋編『完本・太平洋戦争上』文藝春秋

■第3章

山田済斎『西郷南洲遺訓』岩波書店　町田明広『島津久光＝幕末政治の焦点』講談社　家近良樹『西郷隆盛と幕末維新の政局』ミネルヴァ書房　西田実『大西郷の逸話』春苑堂書店　山田準『南洲百話』明徳出版社　上田滋『西郷隆盛の世界』中央公論社　南洲神社崇敬会『南洲翁逸話』鹿児島県教育会　リチャード・ニクソン著、徳岡孝夫訳『指導者とは』文藝春秋　岸信介『二十世紀のリーダーたち』サンケイ出版　大森実『ド・ゴール』講談社

■第4章

山川浩『京都守護職始末1、2』平凡社　会津戊辰戦史編纂会編『会津戊辰戦史1、2』星亮一『会津落城』中央公論新社　綱淵謙錠編『松平容保のすべて』新人物往来社　会津史談会編『会津戦争のすべて』新人物往来社　星亮一『奥羽越列藩同盟』中央公論社　郡義武『桑名藩戊辰戦記』新人物往来社　佐々木克『戊辰戦争』中央公論社　保谷徹『戊辰戦争』吉川弘文館

■第5章

末松謙澄『防長回天史上下』柏書房　水戸市史編纂委員会『水戸市史』水戸市　山川菊栄『覚書　幕末の水戸藩』岩波書店　鈴木暎一『水戸藩のあゆみ』筑波書林　瀬谷義彦ほか『流星の如く』NHK出版　畑市次郎『幕末水戸藩の苦悩』自治出版社　野口武彦『長州戦争』中央公論新社

著者紹介
瀧澤　中（たきざわ　あたる）
1965年、東京都生まれ。作家・政治史研究家。駒澤大学法学部上條末夫研究室卒。2010〜2013年、日本経団連・21世紀政策研究所「日本政治タスクフォース」委員。主な著書に『秋山兄弟　好古と真之』（朝日新聞出版）、『戦国武将の「政治力」』『幕末志士の「政治力」』（以上、祥伝社新書）、『日本の政治ニュースが面白いほどわかる本』『日本はなぜ日露戦争に勝てたのか』（以上、中経出版）、『政治の「なぜ？」は図で考えると面白い』『日本人の心を動かした政治家の名セリフ』（以上、青春出版社）、『悪魔の政治力』（経済界）、『「戦国大名」失敗の研究』（ＰＨＰ文庫）ほか。共著に『「坂の上の雲」人物読本』（文藝春秋）、『総図解　よくわかる日本史』（新人物往来社）など。
ホームページ　http://www.t-linden.co.jp/book

本書は、書き下ろし作品です。

ＰＨＰ文庫　「幕末大名」失敗の研究
政治力の差が明暗を分けた

2015年２月19日　第１版第１刷

著者	瀧澤中
発行者	小林成彦
発行所	株式会社ＰＨＰ研究所
東京本部	〒102-8331　千代田区一番町21
	文庫出版部　☎03-3239-6259(編集)
	普及一部　☎03-3239-6233(販売)
京都本部	〒601-8411　京都市南区西九条北ノ内町11
PHP INTERFACE	http://www.php.co.jp/
組版	朝日メディアインターナショナル株式会社
印刷所 製本所	図書印刷株式会社

© Ataru Takizawa 2015 Printed in Japan
落丁・乱丁本の場合は弊社制作管理部(☎03-3239-6226)へご連絡下さい。
送料弊社負担にてお取り替えいたします。
ISBN978-4-569-76292-0

PHP文庫好評既刊

「幕末の志士」がよくわかる本

山村竜也 監修

坂本龍馬、土方歳三、高杉晋作、勝海舟……。幕末に己の理想を掲げた〝熱い男たち〟の横顔とエピソードを、華麗なイラストと共に紹介！

定価 本体六四八円（税別）

PHP文庫好評既刊

山本覚馬《かくま》

知られざる幕末維新の先覚者

安藤優一郎 著

藩の枠を超えた広い視野と卓越した先見で新国家のビジョンを描いた開明の会津藩士。知られることのなかった維新の傑物の生涯に迫る。

定価 本体六二九円（税別）

PHP文庫好評既刊

［超訳］言志四録 己を律する200の言葉

佐藤一斎 著／岬龍一郎 編訳

志高き「サムライ」の処世訓として、幕末の英雄たちに計り知れない影響を与えた『言志四録』。その不朽のエッセンスを〝超訳〟で解説！

定価 本体五八〇円（税別）

PHP文庫好評既刊

話し言葉で読める「西郷南洲翁遺訓」

無事は有事のごとく、有事は無事のごとく

長尾 剛 著

理想の国家とは？ 指導者が備えるべき資質とは？ 国家観からリーダー論・税制まで、西郷隆盛が思い描いた「国のかたち」を現代語訳。

定価 本体五一四円（税別）

PHP文庫好評既刊

高杉晋作
吉田松陰の志を継いだ稀代の風雲児

童門冬二 著

2015年大河ドラマの主要人物・高杉晋作。吉田松陰の志を継ぎ、旧体制を破壊し、激動の時代を「面白く」生きた稀代の風雲児の生涯！

定価 本体六三〇円（税別）

PHP文庫好評既刊

久坂玄瑞《くさかげんずい》
高杉晋作と並び称された松下村塾の俊英

立石 優 著

2015年大河ドラマの主要登場人物・久坂玄瑞。高杉晋作と「松下村塾の双璧」と称された俊英の、波乱に満ちた生涯を活写した長編小説。

定価 本体七八〇円(税別)

PHP文庫好評既刊

全国藩校紀行
日本人の精神の原点を訪ねて

中村彰彦 著

日本人の「美しい精神」は、江戸時代の藩校教育にこそ源流がある。会津藩校、長州藩校はじめ、今に残る藩学の精神を訪ねる歴史紀行。

定価 本体六八〇円(税別)

PHP文庫好評既刊

30ポイントで読み解く 吉田松陰『留魂録』

安藤優一郎 著

吉田松陰が処刑される直前、松下村塾の門下生へ残した『留魂録』。幕末志士のバイブルとなった「魂の遺書」を30ポイントで読み解く！

定価 本体六八〇円（税別）

PHP文庫好評既刊

「戦国大名」失敗の研究

政治力の差が明暗を分けた

瀧澤 中 著

「敗れるはずのない者」がなぜ敗れたのか？ 強大な戦国大名の〝政治力〟が失われる過程から、リーダーが犯しがちな失敗の本質を学ぶ！

定価 本体七二〇円（税別）